LÁNZATE A LA IA

Despierta tus superpoderes

Arturo Fuentes Calle

Acceda a www.marcombo.info
para descargar gratis
contenido adicional,
complemento imprescindible de este libro

Código: LANZATEIA27

LÁNZATE A LA IA

Despierta tus superpoderes

Arturo Fuentes Calle

Marcombo

LÁNZATE A LA IA. Despierta tus superpoderes

© 2026 Arturo Fuentes Calle

Primera edición, 2026

© 2026 MARCOMBO, S. L.
Gran Via de les Corts Catalanes 594, 08007 Barcelona
www.marcombo.com
Contacto: info@marcombo.com

Ilustración de cubierta: Jotaká
Maquetación: Reverté-Aguilar, S.L.
Corrección: Héctor Tarancón
Directora de producción: M.ª Rosa Castillo

ISBN: 978-84-267-4230-8
D.L.: B 6641-2026

Impreso en Servicepoint
Printed in Spain

Libro ecológico
Impreso con papel procedente de bosques gestionados de manera eficiente, libre de cloro.

A mis padres, Arturo y Petra

Contenido

INTRODUCCION

HABLAR CON LAS MÁQUINAS

Durante décadas, la informática nos impuso sus reglas. Interactuar con una máquina significaba aprender su idioma: memorizar comandos, navegar por menús rígidos y pulsar los botones correctos. La relación era unidireccional: nosotros nos adaptábamos a ellas.

Hoy, esa ecuación se ha invertido. Por primera vez en la Historia, somos nosotros quienes hablamos en nuestro propio idioma y es la máquina la que se "esfuerza" por entendernos. Y no se trata solo de palabras; la conversación ahora es multimodal. Podemos interactuar mediante imágenes, la voz, documentos o gestos, rompiendo las barreras del teclado tradicional.

En las próximas páginas exploraremos este cambio fascinante. Más allá de cualquier debate sobre el impacto de la IA, su capacidad para ejecutar tareas que hasta ayer parecían imposibles es un hecho innegable.

Para entenderlo mejor, hemos estructurado este recorrido en tres etapas: comenzaremos analizando cómo ha evolucionado nuestra forma de buscar información, desde los motores de búsqueda clásicos hasta los asistentes actuales, para después desglosar cómo se configuran estos modelos y sus usos principales, y finalmente, en el último capítulo, nos pondremos manos a la obra.

Tanto si apenas has tenido contacto con la IA como si ya la usas a diario, espero que lo disfrutes.

CAPÍTULO 1
INTERNET: DE LOS PRIMEROS CLICS A LOS PRIMEROS PROMPTS

Introducción

Durante años, la búsqueda en internet funcionó con un esquema muy claro, el buscador te entregaba enlaces y la parte difícil quedaba en tus manos: leer, contrastar, ordenar ideas y decidir qué hacer.

Con la IA, ese reparto se reorganiza. En lugar de limitarse a localizar fuentes, puede procesarlas, resumirlas, compararlas y devolverte una respuesta ya estructurada según tu objetivo. Y lo más relevante es el siguiente paso: la búsqueda deja de terminar en la información y empieza a acercarse a la ejecución, ayudándote a completar tareas de principio a fin, desde planificar hasta reservar, comprar o redactar.

Con este marco, repasamos las fases que explican cómo hemos llegado hasta aquí.

1.1. FASE 1. La Era del Directorio: "A golpe de clic" (1990-1998)

En los primeros años de la web, Internet no funcionaba como hoy. No escribías una búsqueda y recibías resultados. Lo normal era entrar en un directorio y moverte por categorías, como en un árbol de menús. Yahoo! era el referente: una lista organizada manualmente donde alguien decidía en qué sección iba cada web.

La forma de encontrar cosas era haciendo clic paso a paso: Deportes → Fútbol → Equipos → Europa. Si tu sitio no estaba dado de alta, casi nadie lo encontraba. En esta fase el usuario tenía un papel simple: explorar lo que otros habían clasificado, sin mucho control más allá de seguir enlaces.

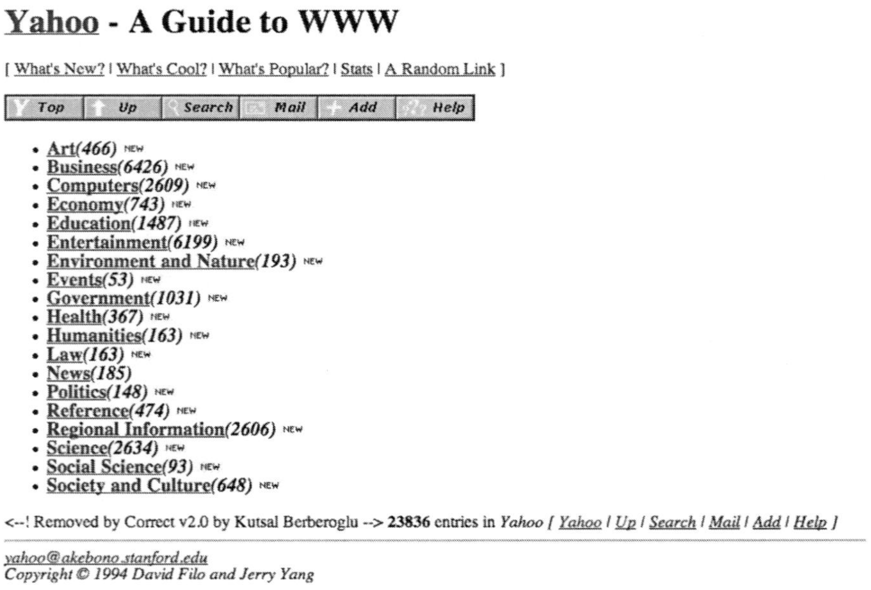

Figura 1.1 1994. Yahoo! homepage on Stanford servers (1994).
Fuente: flickr.com

1.2. FASE 2. La Era del Algoritmo: "La palabra clave" (1998-2012)

La web creció demasiado rápido como para seguir ordenándola a mano. Los directorios se quedaron cortos y la solución fue automatizar: ya no hacía falta que alguien "catalogara" páginas, hacía falta un sistema que las encontrara y las ordenara solo.

Ahí es donde Google se convierte en el estándar. Su gran salto fue PageRank: en lugar de fijarse solo en lo que decía una página, también valoraba su autoridad según cuántas otras páginas la enlazaban. En la práctica, eso cambió la experiencia de uso: dejaste de navegar por menús y empezaste a escribir palabras clave, como "receta paella valenciana", para recibir una lista de resultados: los clásicos "10 enlaces azules".

Pero el buscador no te daba la respuesta final. Te daba fuentes. El trabajo pesado seguía siendo tuyo: abrir varias pestañas, leer, comparar y sacar una conclusión. Google encontraba, tú sintetizabas.

Fig. 1.2 Google en los 2000. Fuente: https://www.webdesignmuseum.org/

1.3. FASE 3. La Era Semántica y Móvil: "El contexto" (2012-2022)

Con el móvil, la búsqueda se volvió inmediata y práctica. Ya no estabas sentado "investigando": buscabas mientras caminabas, viajabas o resolvías algo en el momento. Y eso cambió lo que esperábamos del buscador: menos enlaces y más respuestas directas.

En estos años, Google empieza a incorporar capas de comprensión semántica, como el Gráfico de Conocimiento, y se normaliza la búsqueda por voz a través de asistentes como Siri o Alexa. La experiencia también cambia: muchas consultas se resuelven sin entrar en ninguna web. Si preguntas "¿cuántos años tiene Brad Pitt?", la respuesta aparece destacada en la propia página de resultados, con snippets (fragmentos o extractos que Google muestra directamente en la página para responder rápido) y paneles informativos. A esto se le llamó la era del "zero-click" (búsquedas que se resuelven sin hacer clic en ningún enlace).

La lógica de fondo es clara: el motor deja de fijarse solo en la palabra exacta que escribes y empieza a interpretar la intención. No solo intenta emparejar keywords; intenta entender qué quieres conseguir, en qué contexto lo preguntas y cuál es la respuesta más útil en ese momento.

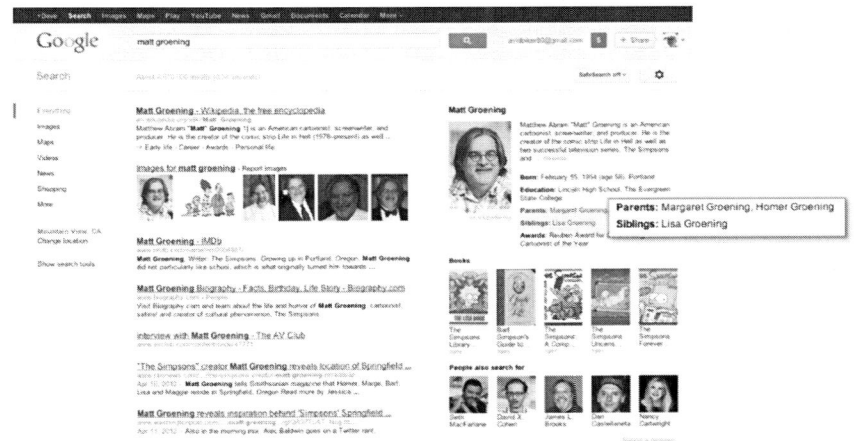

Figura 1.3 2012. Google Knowdedge Graph a la derecha: información sobre la búsqueda sin necesidad de clic. Fuente: PCWorld

1.4. FASE 4. La Era Generativa: "El Prompt" (2022-Actualidad)

Desde 2022 estamos viendo el cambio de paradigma más fuerte hasta ahora: pasamos de la recuperación de información a la generación de respuestas. Ya no se trata de encontrar páginas relevantes, sino de obtener una respuesta trabajada, con estructura y adaptada a lo que necesitas.

Los protagonistas de esta etapa son asistentes basados en modelos de lenguaje como ChatGPT (OpenAI), Gemini (Google) y Copilot (Microsoft). La revolución de los LLM es que cambian la interfaz de la búsqueda: en vez de pedir "resultados", planteas directamente el objetivo. En lugar de una lista de enlaces, puedes pedir una tarea compleja y recibir una propuesta lista para usar.

El cambio se entiende fácil con un ejemplo de cocina. Antes buscabas "mejor receta de tortilla de patatas", abrías 4 o 5 webs, comparabas tiempos, ingredientes y trucos, y luego te hacías tu propia versión. Ahora escribes un prompt como: "Quiero una receta de tortilla de patatas jugosa para 4 personas, con cantidades exactas, tiempos, alternativa sin cebolla y consejos para que no se rompa al darle la vuelta", y el sistema te devuelve una receta completa y personalizada en un solo paso.

Figura 1.4 2026. Google con función de búsqueda en modo IA

1.5. Cambio de paradigma con la IA

La IA entra en un punto clave porque la búsqueda de información es la puerta de entrada a casi todo lo que hacemos en digital: aprender, decidir, comprar, viajar, resolver dudas en el trabajo o comparar opciones. La IA puede leer, resumir, comparar, extraer lo relevante y devolver una respuesta útil. Esto reduce el coste de informarse: menos pestañas, menos ruido y menos tiempo perdido. Y cuando hay exceso de información o información contradictoria la IA actúa como una capa de organización que antes recaía casi por completo en el usuario.

La pregunta ya no es "¿qué páginas hablan de esto?", sino "¿qué opción me conviene y qué pasos debo seguir?". En la práctica, buscar se vuelve conversacional: aclaras requisitos, ajustas preferencias, pides alternativas y el sistema te devuelve opciones ya filtradas.

En España, en el caso concreto de la búsqueda en internet, este cambio convive con una diversificación por edad. Google sigue siendo el buscador dominante por cuota de mercado (por ejemplo, en diciembre de 2025 ronda el 94 % en StatCounter), pero entre los jóvenes y menores crece el hábito de "buscar" en redes para descubrir recomendaciones y contenido rápido. Además, las redes ya funcionan como paso previo a la compra: el 45 % afirma buscar información en redes antes de decidir, y el impacto es especialmente fuerte entre los 12 y 17 años, según el *Estudio de Redes Sociales 2024* (IAB Spain/Elogia).

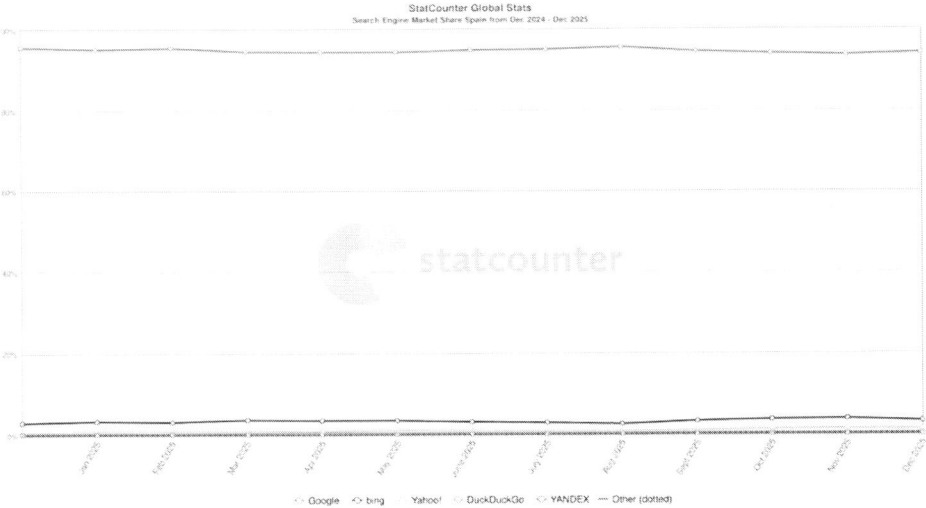

Figura 1.5 Preferencia de uso de motor de búsqueda en España. Google se alza en primera posición. Fuente: statcounter

También conviene recordar que, aunque aquí nos hayamos centrado en Google por su cuota de mercado, el punto de inflexión de la búsqueda conversacional lo aceleró ChatGPT cuando incorporó el acceso a información web mediante plugins en marzo de 2023. Más tarde, OpenAI dio un paso específico hacia "search" con SearchGPT (prototipo anunciado el 25 de julio de 2024). En paralelo, Microsoft integró chat e IA directamente en Bing desde el 7 de febrero de 2023, y Perplexity empujó el formato "answer engine" con su producto "Ask" desde diciembre de 2022.

Figura 1.6 Bot conversacional Perplexity

Una de las consecuencias a considerar con este cambio de paradigma es que durante años la web funcionó con un pacto simple: los buscadores indexaban contenido y devolvían tráfico, y ese tráfico se convertía en ingresos vía publicidad o suscripciones; ese equilibrio ya se debilitó con el "zero-click", y con la IA se tensiona aún más porque muchas respuestas se entregan directamente en la interfaz (resumen/solución) sin garantizar la visita a la fuente. A la vez, se abre un conflicto ético y legal sin consenso: las empresas de IA defienden el entrenamiento como uso transformativo/fair use, mientras que los creadores y medios sostienen que se explota su trabajo sin permiso y compitiendo con el original; la Oficina de Copyright de EE. UU. reconoce esta controversia y los litigios en curso (como NYT vs OpenAI/Microsoft). En paralelo aparece el riesgo "Ouroboros": si baja el tráfico, cae el incentivo para producir contenido humano caro y de calidad, aumenta el incentivo para inundar la red con contenido generado a escala (que Google intenta frenar con políticas contra el "scaled content abuse"), y además existe un riesgo técnico documentado de degradación si los modelos se alimentan cada vez más de datos sintéticos ("model collapse") en lugar de datos humanos. La reacción del ecosistema apunta a una web más cerrada y contractual: acuerdos de licencia y de datos (p. ej., OpenAI con Axel Springer; Reddit con Google/OpenAI), junto con medidas de infraestructura para bloquear o monetizar crawlers (bots que recorren internet entrando en webs y siguiendo enlaces para recolectar datos de páginas o vulnerabilidades entre otras acciones).

Por último, surge un problema de atribución y "voz única": frente a los enlaces tradicionales, donde puedes comparar fuentes y credibilidad, las respuestas generadas pueden invisibilizar el origen y hacer más difícil detectar sesgos o errores. En conjunto, el sistema se mueve hacia un nuevo equilibrio en el que la IA se integra, pero el acceso al contenido de calidad tenderá a pasar por licencias, pagos o controles, porque sin incentivos económicos el ecosistema que alimenta a la IA se degrada.

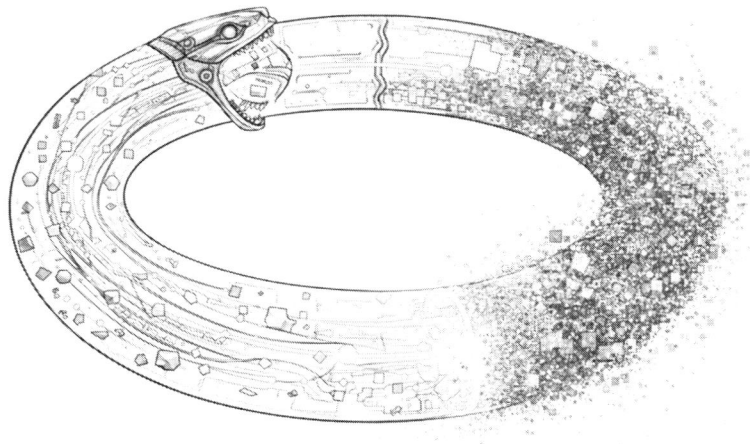

Figura 1.7 El fenómeno Ouroboros: una IA entrenándose con datos cada vez más sintéticos acabará produciendo una degradación en la generación de nueva información

1.5.1. Test

Vamos a poner en práctica esto que hemos visto para comparar cómo ha cambiado la búsqueda de información: desde el modelo clásico de enlaces y comparación manual, hasta los sistemas actuales que sintetizan y recomiendan. Para hacer estos ejercicios solo necesitas tener acceso a internet, utilizaremos:

- **Google:** https://google.com; https://gemini.google.com/app
- **ChatGPT:** https://chatgpt.com/
- **Perplexity:** https://www.perplexity.ai/

Modo clásico. Recopila tú mismo la información

Escribe en Google (no modo IA): "Qué ver en Roma con niños durante 3 días o itinerario familiar".

Qué observamos:

¿Cuántos anuncios aparecen primero?

¿Hay snippet o panel con "respuesta rápida"?

¿Qué tipo de fuentes salen arriba (blogs, foros, medios, agencias)?

Trabajo que queda:

- Abrir 4-6 pestañas
- Comparar propuestas
- Mirar distancias en Maps
- Filtrar contenido "bonito" pero poco viable con niños
- Construir tu propio itinerario final

Resultado esperado:

Un conjunto de fuentes más un plan que tú tienes que acabar de ensamblar.

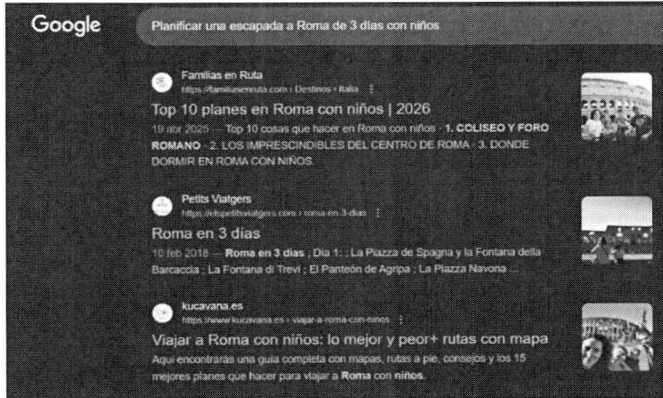

Figura 1.8 Búsqueda en el modo tradicional con Google

Modo dámelo hecho

Escribe en Google / modo IA, Perplexity o ChatGPT: "Actúa como un guía turístico experto en familias. Prepara un itinerario de 3 días en Roma para niños".

Qué observamos:

¿Te devuelve un plan por días y franjas (mañana/tarde/noche)?

¿Incluye tiempos, zonas, y alternativas?

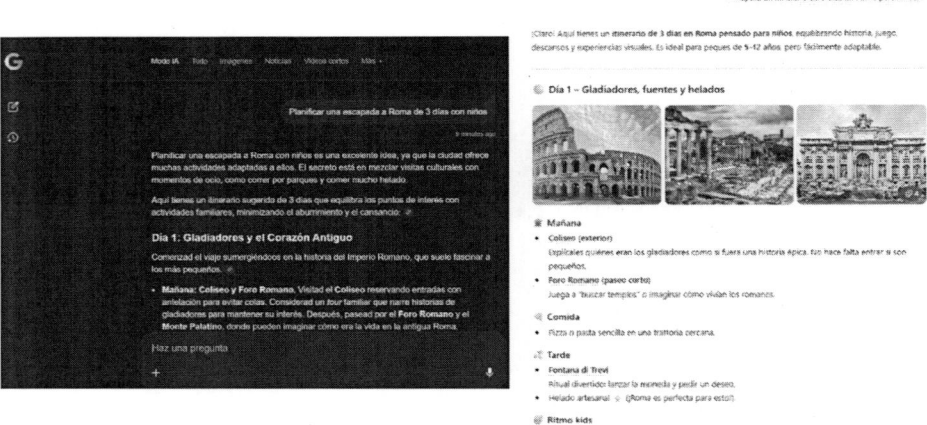

Figura 1.9 Resultados de Google/modo IA (izquierda) vs resultados con chatGPT

Si usamos el buscador de Perplexity, conviene destacar una función más: para refinar la respuesta, pide la edad de los niños, ya que ese dato puede cambiar el recorrido (por ejemplo, si vais con carrito) y también la selección de los espacios y las actividades recomendadas.

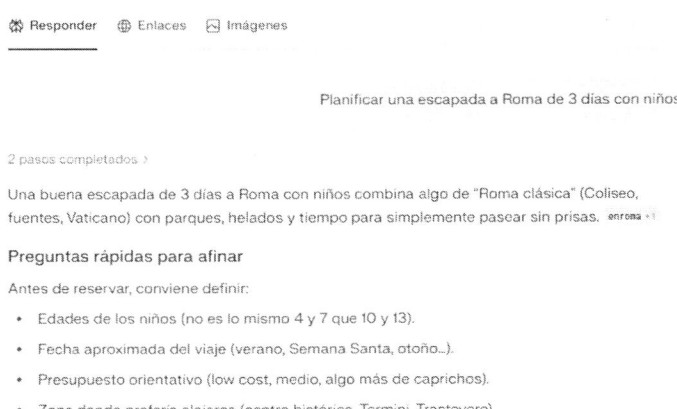

Figura 1.10 Resultados de Perplexity donde, de forma propositiva, pide más información para refinar la respuesta

A continuación respondemos a la pregunta afinando la búsqueda en Perplexity según nuestra realidad: dos niños, Semana Santa y un enfoque low cost.

Figura 1.11 Refinando la petición en Perplexity

Como se aprecia en la respuesta, el plan se adapta según la edad de los niños. Si abrimos uno de los enlaces citados —por ejemplo, la guía de *Nómadas sobre Roma con niños*—, encontraremos mucho más detalle directamente en la fuente.

Y, como último ejercicio, vamos a aterrizar el plan con números reales: usaremos un comparador de vuelos con fechas cerradas para obtener un rango de precios y empezar a estimar el coste total de las vacaciones (vuelos + alojamiento) evitando suposiciones y trabajando con datos.

Ejercicio: mini comparador de vuelos (BCN → Roma)

Prompt en Google modo IA:

Entra en un comparador (Google Flights, Skyscanner o Kayak) y configura:

Origen: Barcelona (BCN)

Destino: Roma (FCO o CIA)

Ida: viernes (después de las 16:00)

Vuelta: lunes (después de las 16:00)

Pasajeros: 2 adultos + 2 niños (6 y 9 años)

Preferencias: directo o escalas cortas, low cost, solo equipaje de mano

Apunta tres opciones (A/B/C) y compara:

Precio total (ojo: con equipaje real incluido)

Horarios y duración

Aeropuerto (FCO vs CIA)

Condiciones (cambios, cancelación, tarifas)

Con ese rango de precios, calcula una primera estimación.

Coste mínimo/medio/alto de vuelos

A continuación mostramos parte del resultado de la búsqueda con Google modo IA:

Opción	Aerolínea	Precio Total (4 pers.)	Horarios y Duración	Aeropuerto
A	Ryanair	aprox. **420 €**	**Ida (Vie):** 21:35 BCN – 23:30 FCO (1h 55m)	Fiumicino (FCO)
			Vuelta (Lun): 21:05 FCO – 23:00 BCN (1h 55m)	
B	Vueling	aprox. **500 €**	**Ida (Vie):** 17:00 BCN – 18:55 FCO (1h 55m)	Fiumicino (FCO)
			Vuelta (Lun): 19:40 FCO – 21:35 BCN (1h 55m)	
C	Wizz Air	aprox. **380 €**	**Ida (Vie):** 18:00 BCN – 19:55 FCO (1h 55m)	Fiumicino (FCO)
			Vuelta (Lun): 19:00 FCO – 20:55 BCN (1h 55m)	

Figura 1.12 Comparador de vuelos vía Google/Modo IA

Ahora vamos a ir un poco más allá y vamos a utilizar el mismo prompt, pero en lugar de Google modo IA, utilizaremos el modelo de Google Gemini 3, observando como la búsqueda es mucho más definida y razonada.

Característica	Opción A (Ryanair)	Opción B (Vueling)	Opción C (Wizz Air)
Precio total	~385 € (el más bajo)	~540 €	~410 €
Horario de ida	Regular (llegada tarde)	**Bueno (18:20)**	Malo (muy tarde)
Horario de vuelta	**Bueno (maximizas día)**	Cómodo (17:00)	Temprano (16:15)
Aeropuerto	Fiumicino (FCO)	Fiumicino (FCO)	Fiumicino (FCO)
Confort de los niños	Medio (llegada tarde)	**Alto (llegada cena)**	Bajo (llegada medianoche)
Política de equipaje	Clara (priority = maleta)	Flexible (óptima)	Estricta (medidas exactas)

Figura 1.13 Comparador de vuelos vía Google/Gemini 3

1.6. Cierre

En los 90, acceder a la información era navegar: clics, menús, directorios y paciencia. Con Google, la web se volvió fácil de buscar y aprendimos a pensar en palabras clave: escribías una consulta y recibías una lista de enlaces. Fue un salto enorme, pero el trabajo seguía siendo humano: abrir páginas, leer, comparar y decidir.

Luego llegó el móvil y con él la inmediatez. Empezaron las respuestas rápidas, los mapas, los snippets. Cada vez era menos necesario entrar en sitios web: muchas decisiones se resolvían desde la propia búsqueda.

Ahora la IA añade una capa completamente nueva. Ya no solo encuentra: también entiende, resume, sintetiza y propone. La búsqueda deja de ser "¿dónde está esto?" y pasa a ser "¿qué me conviene a mí?" según mi contexto, mis preferencias o mi objetivo. El resultado ya no es una lista, sino una recomendación, un plan o una solución lista para usar.

El siguiente salto es inevitable: conectar esa respuesta con herramientas y servicios reales para ejecutar acciones. A medida que cedemos acceso a los agentes, más gestiones podrán hacerse de principio a fin: buscar, filtrar, reservar y dejarlo todo preparado para confirmar con una fricción mínima.

No es ciencia ficción. Es la evolución lógica del acceso a la información.

Y ya está en marcha.

CAPÍTULO 2

SALA DE MÁQUINAS

Introducción

Cuando se empezó a plantear si una máquina podía razonar, hasta su papel en el cine como entidades capaces de pensar, sentir o rebelarse, la IA ha habitado en el imaginario colectivo. Hoy, sin embargo, esa idea abstracta se ha vuelto cotidiana. La inteligencia artificial está integrada en nuestro día a día, recomienda lo que vemos, corrige lo que escribimos, traduce idiomas y nos ayuda a tomar decisiones. Vamos a realizar un breve repaso para entender su trayectoria y comprender cómo funciona.

2.1. Entrando en la sala de máquinas

Cuando usamos la inteligencia artificial hoy en día al escribir una pregunta, generar una imagen o pedir una recomendación, la sensación suele ser la de estar hablando con algo casi mágico. Escribe, responde, dibuja, traduce, reconoce imágenes. Todo ocurre en segundos y, la mayoría de las veces, funciona sorprendentemente bien.

Figura 2.1 Parte de nuestras actividades diarias están mediadas por modelos de inteligencia artificial

Pero esta "magia" tiene truco.

Y ese truco no es un misterio, es ingeniería.

La sala de máquinas es una metáfora. Igual que en un barco o en un avión, no es el lugar al que acceden los pasajeros, pero es donde realmente ocurre todo lo importante. Desde fuera vemos el movimiento, la velocidad, el rumbo. Dentro hay motores, engranajes, sensores y sistemas trabajando sin descanso.

Con la IA pasa exactamente lo mismo.

Desde fuera vemos aplicaciones: un chat que conversa, una cámara que reconoce rostros, un sistema que recomienda películas o detecta enfermedades. Desde dentro, lo que hay no es conciencia ni intención, sino modelos matemáticos, datos y procesos de cálculo que transforman una entrada en una salida.

Entrar en la sala de máquinas implica entender qué puede hacer realmente la IA, por qué a veces falla y cómo usarla con criterio. Porque cuando no sabemos cómo funciona algo, tendemos a caer en dos errores opuestos:

- Pensar que la IA es casi humana, que "entiende" y "razona" como nosotros.
- Pensar que es una simple herramienta automática sin ningún tipo de valor real.

La IA actual no piensa, no siente y no tiene objetivos propios. Pero tampoco es un simple programa rígido. Es un sistema capaz de detectar patrones complejos en enormes cantidades de información y de generar respuestas nuevas basadas en probabilidades.

En este capítulo vamos a abrir esa puerta con calma.

Vamos a ver qué hay realmente detrás del término "inteligencia artificial", qué papel juegan los modelos, los datos y los algoritmos, y por qué la IA de hoy es tan distinta de la de hace solo unos años.

2.2. IA, modelos y algoritmos: poniendo orden en los conceptos

La inteligencia artificial es un campo de estudio y de ingeniería cuyo objetivo es crear sistemas capaces de realizar tareas que, si las hiciera una persona, consideraríamos "inteligentes": reconocer imágenes, entender el lenguaje, tomar decisiones, aprender de la experiencia.

Dentro de ese gran paraguas aparecen los algoritmos.

Un algoritmo es, simplemente, una receta: una serie de pasos que indican cómo resolver un problema. Hay algoritmos para ordenar números, para buscar rutas en un mapa o para ajustar una predicción. En la IA, los algoritmos definen cómo aprende un sistema, cómo ajusta sus parámetros o cómo decide una respuesta.

Pero los algoritmos, por sí solos, no son lo que interactúa con nosotros.

Ahí entran los modelos.

Un modelo es el resultado de aplicar algoritmos sobre los datos. Es una estructura matemática que, tras un proceso de entrenamiento, queda "ajustada" para realizar una tarea concreta. Si el algoritmo es la receta, el modelo es el plato ya cocinado.

Figura 2.2 El modelo de IA listo para consumir

Cuando hablamos con un asistente de texto, cuando una IA genera una imagen o reconoce un objeto en una foto, no estamos hablando con la IA en abstracto, sino con un modelo específico entrenado para esa función.

Por eso es más preciso decir "este modelo de lenguaje genera texto", "este modelo de visión detecta objetos", que decir simplemente "la IA hace esto".

La IA, entonces, no es una mente única ni una entidad general. Es un ecosistema de modelos especializados, cada uno con sus capacidades y limitaciones.

Entender esta diferencia es clave, porque explica algo fundamental: cuando la IA "se equivoca", no es porque esté confundida como una persona, sino porque el modelo ha llegado a una predicción estadística que no coincide con la realidad.

2.3. Un breve viaje por la historia de la inteligencia artificial

Para entender por qué la inteligencia artificial actual funciona así hay que mirar brevemente hacia atrás. No para memorizar fechas, sino para comprender una idea clave: la IA no avanzó en línea recta, sino a base de expectativas, fracasos y redescubrimientos.

2.3.1. Simulando el pensamiento humano

El ser humano ha fantaseado con la idea de crear entidades capaces de pensar. En la mitología aparecen figuras animadas por los dioses o la magia, estatuas que cobran vida y autómatas con voluntad propia, reflejando el deseo ancestral de imitar la mente humana. Siglos después, este anhelo tomó forma mecánica con los autómatas y artificios como El Turco, la célebre máquina que parecía jugar al ajedrez, y que, aun siendo un engaño, simbolizaba la posibilidad de reproducir la inteligencia mediante mecanismos. Con el desarrollo de la lógica formal y la manipulación de símbolos, la pregunta dejó de ser filosófica para volverse técnica: si pensar es operar con símbolos siguiendo reglas, ¿podría una máquina hacerlo también? Los ordenadores digitales ofrecieron por fin el soporte necesario para materializar esta idea, y a partir de 1950, con los trabajos fundacionales que planteraron el pensamiento como un proceso computable, nació la inteligencia artificial como un campo de estudio formal, dedicado a simular el pensamiento humano mediante máquinas.

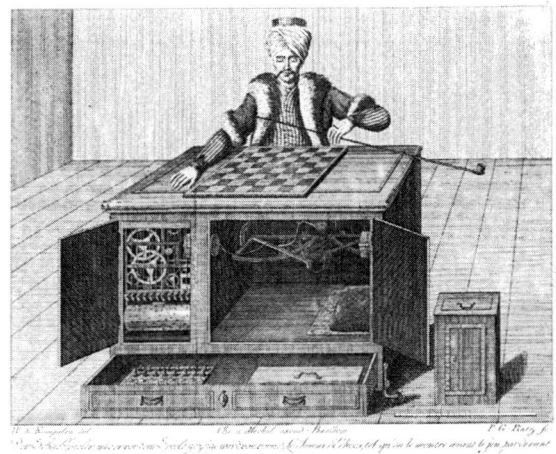

Figura 2.3 El Turco (1770). La ilusión de un máquina pensante

2.3.2.   IA simbólica y sistemas expertos (años 50-90)

La primera gran etapa de la IA se basa en reglas explícitas, la lógica y el conocimiento codificado por los humanos. Las máquinas "razonan" siguiendo instrucciones detalladas, pero dependen fuertemente de quien las programa. Las limitaciones técnicas y la complejidad del mundo real provocan desilusiones. La financiación y el interés disminuyen cuando se comprueba que la inteligencia es más difícil de reproducir de lo esperado.

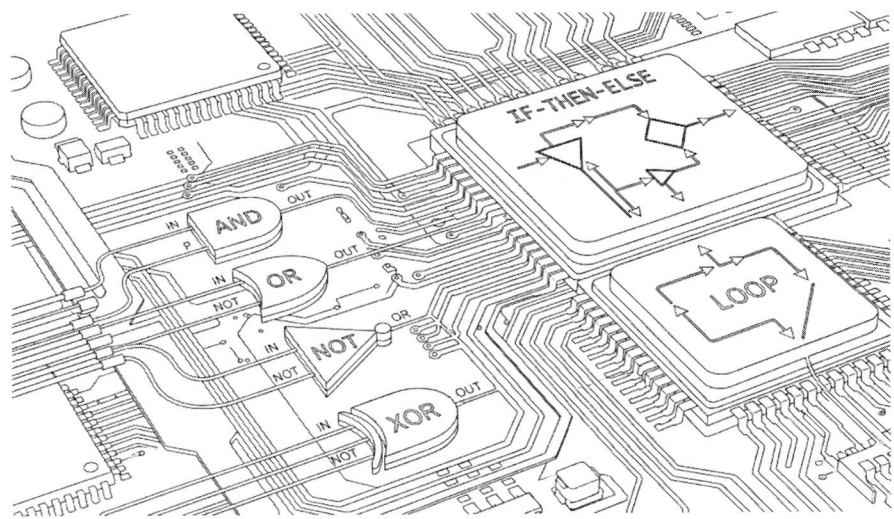

Figura 2.4 Lógica estructurada en la IA simbólica

2.3.3. Aprendizaje automático y enfoque estadístico (90-2010)

La IA cambia de paradigma: en lugar de programar reglas, las máquinas empiezan a aprender a partir de datos. El foco pasa del razonamiento explícito al reconocimiento de patrones. El aumento masivo de datos y potencia de cálculo impulsa las redes neuronales profundas (DNN: Deep Neural Networks).

2.3.4. El "Movimiento 37" (2016)

Este fue el momento exacto en que la relación entre los humanos y las máquinas cambió para siempre. Ocurrió durante la histórica partida de Go entre AlphaGo, desarrollado por Google DeepMind, y el campeón mundial Lee Sedol. En la segunda partida, la inteligencia artificial realizó el llamado movimiento 37, una jugada que ningún humano habría considerado razonable y que, a ojos de los expertos, parecía un error de principiante; incluso los comentaristas reaccionaron con sorpresa y escepticismo. Sin embargo, pronto se reveló que no se trataba de un fallo, sino de una decisión brillante y profundamente estratégica que acabaría decantando la partida a favor de la máquina. AlphaGo no estaba imitando el juego humano, sino explorando el espacio de posibilidades de una forma completamente nueva, descubriendo una estrategia inédita en más de 2500 años de historia del Go. El impacto fue inmediato y profundo: Lee Sedol, y con él toda la comunidad, comprendió que ya no solo enseñábamos a las máquinas, sino que también podíamos aprender de ellas.

Figura 2.5 Movimiento 37

2.3.5.   La Era Científica (2022)

La inteligencia artificial alcanzó un punto en el que comenzó a resolver problemas que escapaban a la capacidad humana no por falta de conocimiento, sino por una limitación biológica en nuestra capacidad de procesamiento. Un ejemplo paradigmático es AlphaFold, el sistema que logró resolver el problema del plegamiento de proteínas, un enigma central de la biología que había permanecido abierto durante más de cincuenta años, y que la IA abordó con éxito en cuestión de semanas. El impacto fue mucho más allá del resultado técnico: los biólogos no se limitaron a utilizar las predicciones generadas, sino que comenzaron a analizar cómo la máquina había llegado a ellas, usando ese proceso como una nueva ventana para comprender la biología fundamental. En este sentido, la IA no solo aceleró la ciencia, sino que nos enseñó aspectos de nuestra propia naturaleza que, hasta entonces, habían permanecido ocultos.

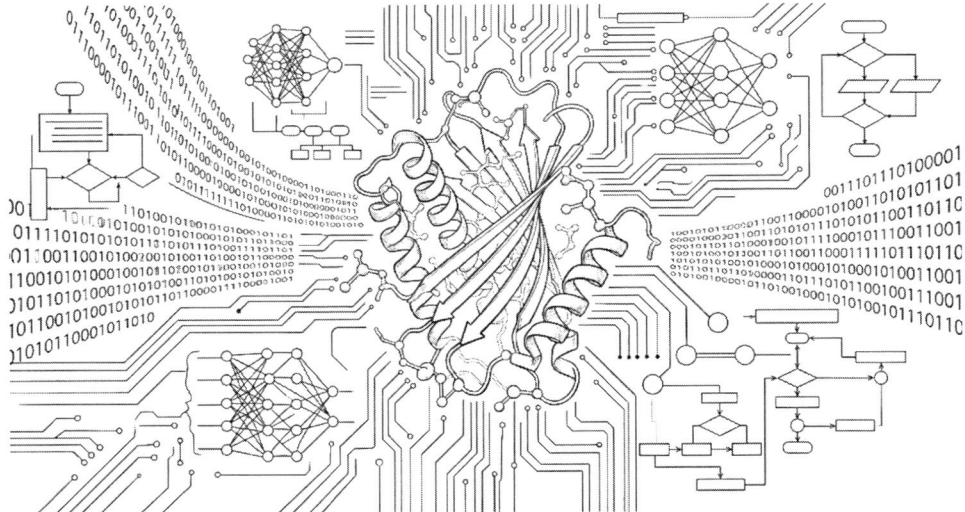

Figura 2.6 Alphafold. Una IA para la predicción de estructuras de proteínas

2.3.6. El Nuevo Lenguaje (Prompt Engineering)

El prompt engineering marca un nuevo modo de relación entre los humanos y las máquinas en el que la programación tradicional cede terreno al lenguaje natural. En lugar de escribir código o definir reglas estrictas, aprendemos a dialogar con los sistemas de inteligencia artificial formulando instrucciones, preguntas y contextos de forma cada vez más precisa. Esta interacción no consiste solo en decir qué queremos, sino en aprender cómo pedirlo: elegir palabras, matices, ejemplos y restricciones que guíen el comportamiento de la máquina. De este modo, el lenguaje se convierte en una interfaz cognitiva, un espacio compartido donde humanos y sistemas artificiales colaboran. El prompt engineering revela que comunicarse con una IA no es muy distinto de comunicarse con otra persona: requiere claridad, intención y comprensión mutua, redefiniendo nuestra relación con las máquinas como un diálogo más que como una simple orden.

2.4. De los datos a las decisiones

Para una persona, un dato suele tener un significado inmediato. Una imagen, una frase, un sonido evocan experiencias, contexto y sentido común. Para una máquina, en cambio, todo dato es, en el fondo, un conjunto de números. Una fotografía se convierte en valores de píxeles, un texto en secuencias numéricas, un audio en ondas digitalizadas.

El trabajo del modelo consiste en encontrar patrones en esos números.

Durante el entrenamiento, el modelo analiza miles, millones o incluso billones de ejemplos. No memoriza cada caso de forma literal. Aprende regularidades: qué combinaciones de datos suelen aparecer juntas, qué señales anticipan un resultado y cuáles no son relevantes. Poco a poco, ajusta sus parámetros internos para reducir los errores y mejorar sus predicciones.

Aquí ocurre algo importante: el modelo no aprende reglas explícitas, aprende probabilidades.

Cuando una IA genera una respuesta, no está recuperando una frase almacenada, sino calculando cuál es la salida más probable dadas las entradas y todo lo aprendido previamente. Cada decisión es el resultado de una cadena de estimaciones estadísticas.

Por eso hablamos de "decisiones" entre comillas.

La IA no decide con intención ni comprensión, sino que estima.

Si le damos un texto, estima qué palabra suele venir después.

Si le damos una imagen, estima qué objeto es más probable que aparezca.

Si le damos datos médicos, estima qué diagnóstico encaja mejor con los patrones previos.

Este proceso explica tanto la potencia como las limitaciones de la IA. Funciona muy bien cuando los datos son abundantes y representativos. Pero si los datos están sesgados, incompletos o mal etiquetados, el modelo aprenderá de esos mismos errores.

En otras palabras: la calidad de las decisiones depende directamente de la calidad de los datos.

También explica por qué la IA puede sorprendernos con respuestas creativas, pero al mismo tiempo cometer fallos evidentes. El modelo no "sabe" cuándo algo es absurdo; simplemente sigue el rastro estadístico más probable según lo que ha visto.

La inteligencia artificial no piensa como nosotros, pero procesa cantidades de información que ningún humano podría manejar, y ahí reside su verdadero valor.

2.5. Modelos: el corazón de la IA moderna

Si la inteligencia artificial es el gran concepto y los datos son el combustible, los modelos son el auténtico motor que hace que todo funcione.

Un modelo no es un programa tradicional escrito línea a línea. No contiene reglas del tipo "si pasa esto, haz aquello". En su lugar, es una estructura matemática con millones de parámetros ajustables. Estos parámetros no tienen significado por sí mismos; adquieren sentido únicamente tras el entrenamiento.

Entrenar un modelo consiste en exponerlo a grandes cantidades de datos y permitir que ajuste esos parámetros para cometer cada vez menos errores. Al principio, el modelo responde casi al azar. Poco a poco, a base de ensayo y corrección, va capturando regularidades: patrones de lenguaje, formas visuales, relaciones entre conceptos para aquello hacia lo que se esté entrenando.

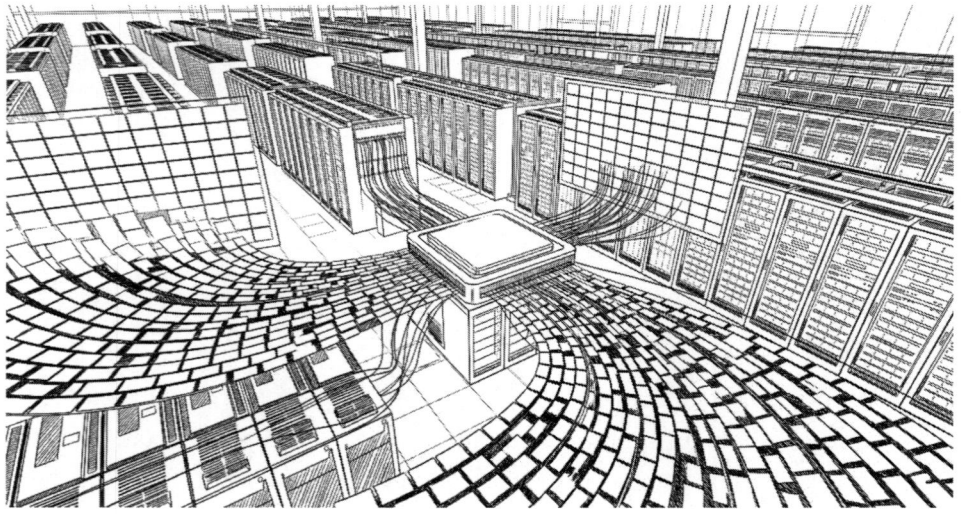

Figura 2.7 Ingesta masiva de datos por parte de los modelos de IA

El resultado final es el modelo entrenado: una especie de "memoria estadística" del mundo que ha visto.

Algunos modelos están pensados para clasificar, otros para predecir, otros para generar contenido nuevo. Un modelo de lenguaje no funciona igual que uno de visión, aunque ambos se basen en ideas similares.

Cuando un modelo de inteligencia artificial "aprende", en realidad está entrenándose: se ajusta para cumplir un objetivo concreto, por ejemplo clasificar imágenes de perros y gatos.

Ese ciclo tiene dos partes. Primero, el modelo procesa la entrada y produce una salida (paso hacia delante o forward pass). Después, se calcula cuánto se ha desviado y se reparte esa información hacia atrás para saber qué partes del modelo han contribuido al fallo (paso hacia atrás o backpropagation). Con esa señal, un algoritmo de optimización actualiza los parámetros (pesos) del modelo. El método más típico es el descenso del gradiente, que cambia los pesos en la dirección que más reduce el error.

Para medir el error se usa una función de pérdida. Una de las más conocidas es el error cuadrático medio (MSE): calcula la diferencia entre la predicción y la respuesta correcta, la eleva al cuadrado y la promedia. En cada iteración, el modelo repite este proceso con muchos ejemplos, ajustándose poco a poco. En resumen, entrenar una red neuronal es un bucle continuo de predecir → medir error → ajustar, hasta mejorar su precisión.

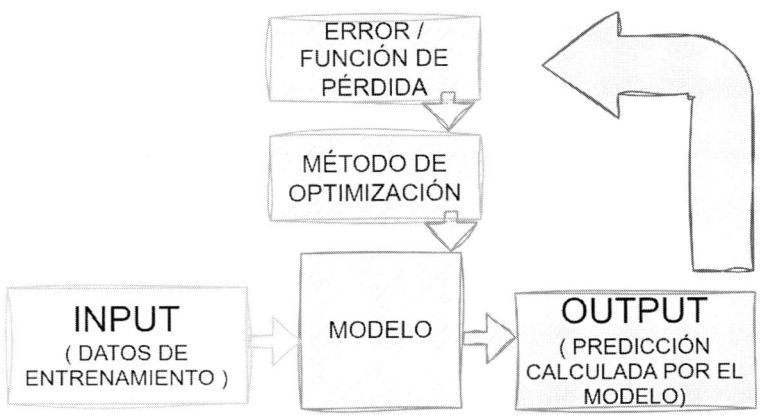

Figura 2.8 Esquema clásico de entrenamiento de un modelo de IA

Una característica clave de los modelos modernos es que no se limitan a una única tarea. Muchos se entrenan de forma general y luego se ajustan o se guían mediante instrucciones para resolver problemas muy diferentes. Esto explica por qué un mismo sistema puede escribir texto, resumir documentos o responder preguntas sin haber sido entrenado específicamente para cada caso.

Pero esta flexibilidad tiene un precio. Cuanto más grande y general es un modelo, más difícil resulta entender exactamente por qué produce una respuesta concreta. La sala de máquinas se vuelve más potente, pero también más opaca.

2.6. La computación: la fuerza invisible detrás de la IA

Durante décadas, muchas de las ideas que hoy asociamos a la inteligencia artificial ya existían sobre el papel. Redes neuronales, aprendizaje automático, incluso conceptos muy cercanos a los modelos actuales. Entonces, ¿por qué la IA no funcionaba como ahora?

La respuesta es sencilla: no había suficiente potencia de cálculo.

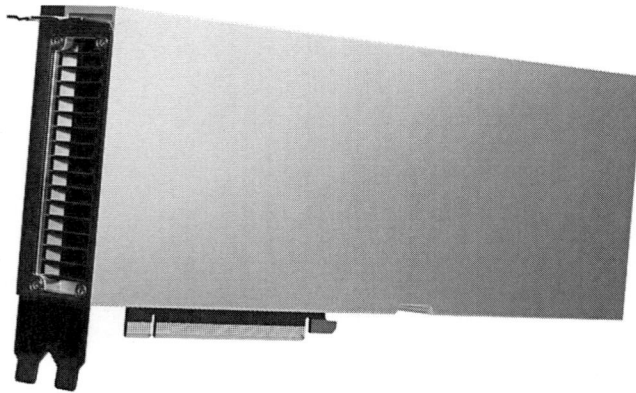

Figura 2.9 Tarjeta NVIDIA A100 con memoria de 80 GB

La computación es el músculo de la sala de máquinas. Es lo que permite que los modelos procesen enormes volúmenes de datos, ajusten millones de parámetros y repitan ese proceso una y otra vez hasta aprender. Sin la computación los modelos son solo teorías elegantes.

Inicialmente, el desarrollo de la IA estaba limitado por la arquitectura serial de las CPU (Unidad Central de Procesamiento). El punto de inflexión llegó con la adopción de la GPU (Unidades de Procesamiento Gráfico). Diseñadas originalmente para la renderización paralela de gráficos, estas unidades resultaron idóneas para acelerar las operaciones matriciales masivas que fundamentan el aprendizaje profundo.

Más recientemente, la industria ha migrado hacia el hardware dedicado, como las TPU (Unidades de procesamiento de Tensores) y la computación distribuida a hiperescala. Hoy en día, entrenar modelos de vanguardia implica orquestar miles de procesadores simultáneamente durante semanas; la IA ha pasado de la estación de trabajo local a auténticas "fábricas de cómputo".

Sin embargo, el desafío no termina en el entrenamiento. La inferencia, el uso del modelo en tiempo real, impone restricciones críticas de latencia y eficiencia energética. Para llevar la IA a los dispositivos móviles, y las aplicaciones cotidianas, es vital optimizar estos cálculos.

2.7. Lenguaje

El lenguaje ocupa un lugar central en la inteligencia artificial. No porque las máquinas "hablen" o "entiendan" como las personas, sino porque el texto es una de las formas más densas y ricas de información humana. En unas pocas palabras pueden convivir hechos, opiniones, emociones, instrucciones y conocimiento acumulado durante siglos.

Cuando una IA trabaja con lenguaje no accede al significado como lo haría una persona. No imagina, no recuerda experiencias ni tiene intención comunicativa. Lo que hace es procesar el texto como datos.

El primer paso es la transformación. Las palabras, las frases y los párrafos se convierten en números. Cada fragmento de texto se representa como vectores dentro de un espacio matemático. En ese espacio, las palabras que suelen aparecer en contextos similares quedan "cerca" unas de otras, mientras que las no relacionadas se alejan. **Para la IA, el significado no es conceptual: es geométrico y estadístico.**

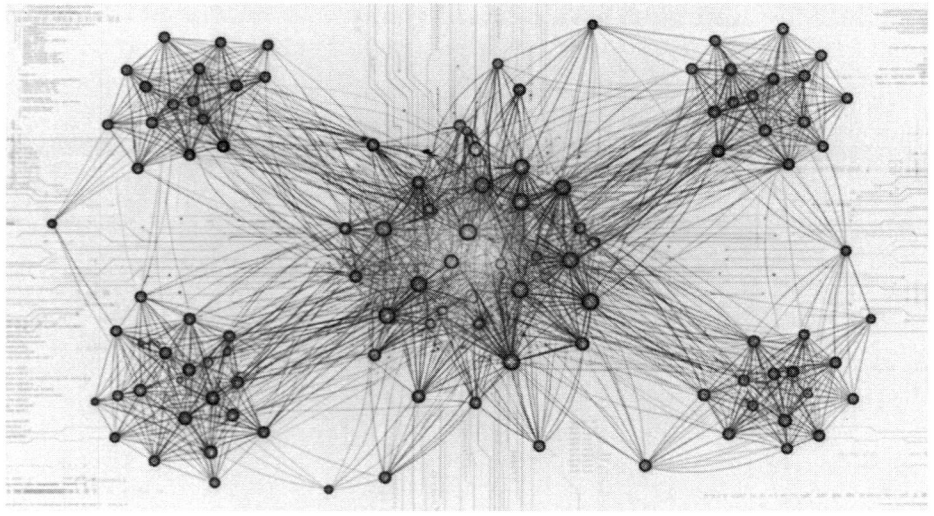

Figura 2.10 Los datos similares quedan representados cerca unos de otros

Los modelos usan el contexto para lograr fluidez y coherencia, pero no entienden lo que escriben. Al no tener criterio de verdad ni conocimiento del mundo real, pueden generar explicaciones verosímiles pero falsas.

2.7.1. Cómo aprende lenguaje una IA

A menudo se piensa que una IA se entrena memorizando un gigantesco libro de preguntas y respuestas. Como si, ante cada consulta, buscara algo que ya ha visto antes. En realidad, el proceso es muy distinto.

Entrenar un modelo de lenguaje se parece mucho más a aprender cómo funciona el lenguaje, tras exponerse a una biblioteca entera, que a almacenar respuestas prefabricadas. El modelo no guarda frases completas; aprende la estructura profunda del lenguaje.

De forma simplificada, este aprendizaje en los modelos actuales (ChatGPT o Gemini) puede entenderse en tres etapas.

1. Preentrenamiento: aprender la estructura del lenguaje

En esta fase no hay preguntas ni instrucciones humanas. El modelo se expone a enormes cantidades de texto y realiza una tarea aparentemente simple: predecir la siguiente palabra.

Por ejemplo:

"El cielo es de color _____".

Al principio falla constantemente. Pero tras millones de ejemplos, aprende que "azul" suele encajar mejor en ese contexto. Repetido a gran escala, este proceso permite al modelo internalizar la gramática, las relaciones entre los conceptos, los patrones lógicos y las regularidades del lenguaje sin reglas explícitas.

2. Ajuste fino: aprender a ser útil

Tras el preentrenamiento, el modelo escribe con coherencia, pero no sabe ayudar. En esta etapa se introducen instrucciones humanas y ejemplos de alta calidad que le enseñan a resumir, explicar, responder o seguir órdenes. El modelo aprende a usar lo que ya sabe con una intención concreta.

3. Aprendizaje por refuerzo con humanos: alinearse con las personas

Finalmente, las personas evalúan distintas respuestas del modelo y señalan cuáles son más claras, útiles, seguras y adecuadas. A partir de esta retroalimentación, el modelo ajusta su comportamiento para alinearse mejor con las expectativas humanas.

Figura 2.11 En búsqueda de la siguiente palabra más probable

2.7.2. Aplicaciones de los modelos del lenguaje

Algunas de las funciones de los modelos del lenguaje más comunes:

Asistentes conversacionales y atención al cliente

Sistemas capaces de responder preguntas, resolver incidencias y mantener conversaciones naturales en los chats, las webs o las aplicaciones.

Educación y aprendizaje

Apoyo al estudio mediante explicaciones personalizadas, resúmenes, generación de ejercicios, corrección de textos y tutoría adaptativa.

Redacción y creación de contenidos

Ayuda para escribir artículos, informes, correos, guiones, publicidad o textos creativos adaptando el tono y el estilo según el contexto.

Análisis y comprensión de documentos

Lectura automática de contratos, informes, artículos científicos o textos legales para extraer información clave, resumir o comparar documentos.

Programación y desarrollo de software

Asistencia en la escritura de código, explicación de funciones, detección de errores y generación de documentación técnica.

Traducción y comunicación multilingüe

Traducción automática entre idiomas, adaptación cultural de textos y apoyo a la comunicación global.

2.7.3. Modelos del lenguaje conocidos

GPT (Generative Pre-trained Transformer)

Desarrollador: OpenAI.

Características clave: destacan por su versatilidad generalista y su capacidad de razonamiento lógico.

Gemini

Desarrollador: Google (Google DeepMind).

Perfil: la respuesta integrada de Google, diseñada para ser multimodal desde su nacimiento.

Características clave: Gemini fue entrenado nativamente con vídeo, audio, imágenes y texto simultáneamente. Esto le otorga una fluidez superior al analizar y relacionar diferentes tipos de archivos y datos en tiempo real.

Claude

Desarrollador: Anthropic (fundada por ex-empleados de OpenAI).

Características clave: son conocidos por tener una ventana de contexto masiva (pueden "leer" libros enteros o miles de líneas de código de una sola vez sin perder el hilo).

DeepSeek

Desarrollador: DeepSeek-AI

Características clave: han sacudido el mercado por ofrecer un rendimiento comparable a los gigantes (GPT-4/Gemini Ultra), pero con un coste computacional y económico drásticamente menor. Destacan especialmente en tareas de programación (código) y matemáticas. Suelen liberar sus modelos con licencias abiertas para la comunidad.

Llama

Desarrollador: Meta

Perfil: el estandarte de la "IA abierta".

Características clave: a diferencia de los modelos anteriores, que son "cajas cerradas" (solo se accede vía API o Chat), Llama está disponible para los desarrolladores e investigadores.

Mistral

Desarrollador: Mistral AI (uno de los pocos desarrolladores europeos destacados en la IA generativa).

Características clave: se especializan en modelos más pequeños y ligeros que pueden funcionar muy rápido sin necesitar superordenadores, manteniendo una calidad de respuesta sorprendentemente alta para su tamaño.

2.8. Visión

Para los humanos ver no es solo percibir la luz, sino interpretar el mundo. Reconocemos objetos, personas, gestos y escenas casi de forma automática. En la inteligencia artificial, sin embargo, ver significa algo muy distinto.

Para una IA, una imagen no es una escena ni un objeto: es una matriz de números. Cada píxel contiene valores que representan un color y una intensidad. No hay un significado visual de partida, solo datos.

El primer paso, igual que en el lenguaje, es la transformación. La imagen se traduce a una representación matemática que el modelo puede procesar. A partir de ahí, comienza el aprendizaje.

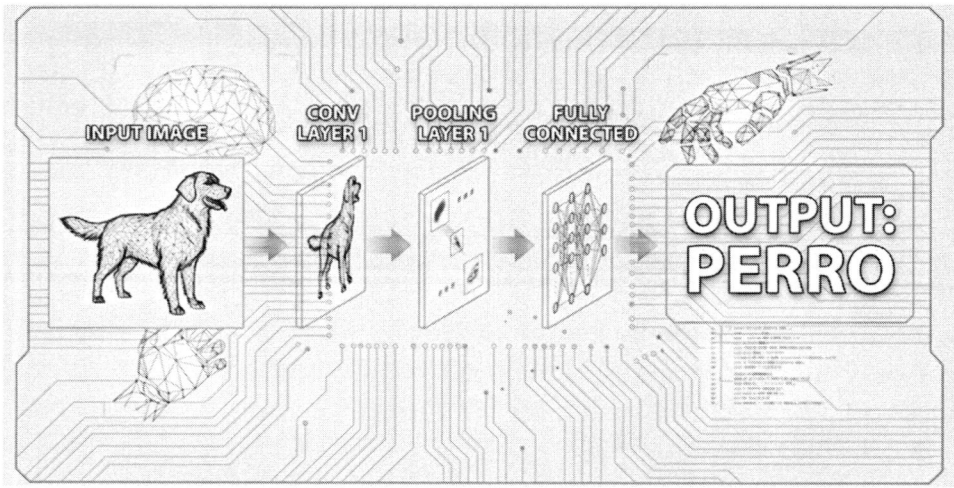

Figura 2.12 Modelo de visión donde la imagen original se transforma hasta dar con una respuesta clasificatoria

Durante el entrenamiento, los modelos de visión analizan enormes cantidades de imágenes. Al principio no reconocen nada. Solo detectan variaciones locales: contrastes, bordes, cambios de color. Poco a poco, combinando estos patrones simples, aprenden a identificar estructuras más complejas: texturas, partes de objetos, formas reconocibles y, finalmente, escenas completas.

Este aprendizaje no se basa en reglas escritas a mano. Nadie le explica a la máquina qué es un ojo, una rueda o una cara. Aprende por la exposición repetida a los ejemplos, ajustando sus parámetros para reducir errores, de forma muy similar a los modelos de lenguaje.

Por eso una IA puede identificar un objeto en una imagen o localizar un rostro sin "ver" en el sentido humano. Está calculando qué patrones visuales son más probables según lo aprendido.

Preguntas básicas que podemos responder con los modelos de visión:

¿Qué hay en la imagen?

¿Dónde hay una persona?

¿Qué píxeles pertenecen a una persona?

¿Qué pose presenta esa persona?

2.8.1. Aplicaciones de los modelos de visión

Algunas de las aplicaciones en el ámbito de la visión artificial que podemos abordar son:

El diagnóstico médico

Análisis de imágenes clínicas como resonancias, TAC, radiografías o escáneres oculares para detectar de forma precoz tumores, lesiones o enfermedades como la retinopatía diabética.

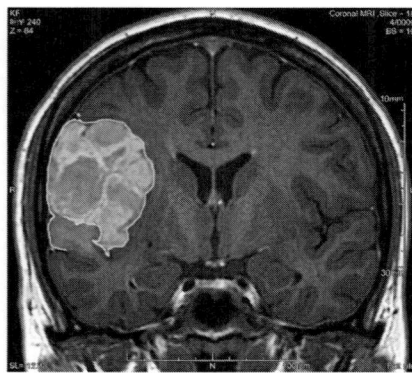

Figura 2.13 Región de interés detectada por el algoritmo de visión artificial

La seguridad y control de accesos

Sistemas de reconocimiento facial para el desbloqueo de dispositivos, la verificación de identidad o la detección de intrusos en cámaras de vigilancia.

La conducción asistida y autónoma

Vehículos que interpretan su entorno visual: reconocen carriles, señales, semáforos y peatones para tomar decisiones como frenar, acelerar o girar.

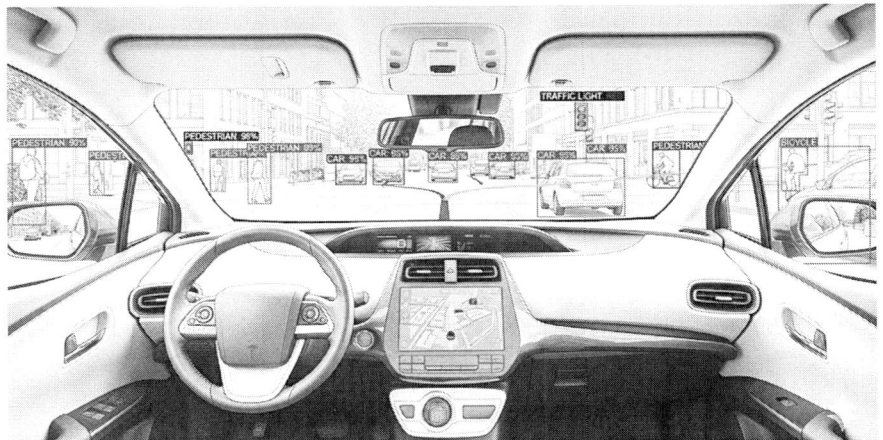

Figura 2.14 Algoritmo de visión analizando la escena de tráfico

Agricultura de precisión

Uso de drones y cámaras para analizar cultivos, identificar plantas con estrés hídrico, plagas o enfermedades a partir de cambios de color y forma en las hojas.

Retail y comercio automatizado

Tiendas con cámaras que identifican qué productos se toman de las estanterías y permiten cobrar automáticamente sin pasar por caja, como en los sistemas de tiendas sin cajero.

2.8.2. Modelos de visión conocidos

ResNet (Residual Networks)

Desarrollador: Microsoft.

Características clave: introdujo las "conexiones residuales" (atajos que saltan capas), lo que permitió entrenar redes extremadamente profundas (de cientos de capas) sin que la IA "olvidara" lo aprendido al principio. Sigue siendo la base de miles de aplicaciones industriales.

VGG (Visual Geometry Group)

Desarrollador: Universidad de Oxford.

Características clave: famosa por su arquitectura simple, elegante y muy profunda. Aunque hoy es computacionalmente pesada y lenta comparada con las modernas, se sigue usando mucho en la enseñanza y para tareas de transferencia de estilo (filtros artísticos) porque captura muy bien las texturas.

EfficientNet

Desarrollador: Google.

Características clave: utiliza un método de escalado compuesto. En lugar de hacer la red solo más profunda o ancha al azar, escala equilibradamente la resolución, profundidad y anchura. Logra resultados de vanguardia con mucho menos consumo de batería y memoria.

ViT (Vision Transformer)

Desarrollador: Google.

Características clave: rompió con décadas de uso de las redes convolucionales (CNN). Divide la imagen en "parches" (cuadrados) y los procesa como si fueran palabras en una frase. Es la arquitectura dominante en la investigación moderna y en los modelos a gran escala.

YOLO (You Only Look Once)

Desarrollador: originalmente Joseph Redmon, ahora mantenido por Ultralytics y la comunidad.

Características clave: prioriza la velocidad sobre la precisión absoluta. Procesa la imagen completa de una sola vez (de ahí su nombre), lo que le permite detectar objetos en vídeos en vivo (cámaras de seguridad, conducción autónoma) con una fluidez increíble.

SAM (Segment Anything Model)

Desarrollador: Meta (Facebook).

Características clave: es capaz de segmentar objetos que nunca ha visto antes ("zero-shot"). Funciona mediante prompts: puedes hacer clic en un objeto, dibujar una caja o escribir "gato" y SAM generará la máscara de recorte perfecta instantáneamente.

U-Net

Desarrollador: Universidad de Friburgo.

Características clave: tiene forma de "U". Es excepcionalmente buena trabajando con pocas imágenes de entrenamiento. Es la IA más usada para detectar tumores en las radiografías, segmentar células en los microscopios o analizar imágenes satelitales.

CLIP (Contrastive Language-Image Pre-training)

Desarrollador: OpenAI.

Características clave: entrenado con millones de pares imagen-texto de internet. CLIP no genera imágenes, sino que entiende la relación entre los conceptos visuales y las palabras.

Figura 2.15 Segmentación de partes de una imagen con el modelo SAM (Meta)

2.8.3. Generación de imagen

La generación de imágenes es una de las capacidades más llamativas de la inteligencia artificial actual. A partir de una frase escrita: "Un gato astronauta", "un cuadro al óleo de un paisaje nevado", la IA puede producir imágenes nuevas, detalladas y coherentes. Esto suele dar la impresión de que la máquina "imagina" o "crea" como lo haría una persona.

Una IA no imagina escenas ni visualiza ideas. Generar imágenes significa producir una matriz de píxeles que encaje estadísticamente con lo aprendido.

No hay intención artística ni comprensión del contenido: hay cálculo, probabilidad y patrones visuales.

Para un modelo generativo, una imagen no es una obra ni una escena, sino un punto dentro de un espacio matemático enorme que representa todas las imágenes posibles que ha aprendido a generar.

Propongo al lector un ejercicio, coge una hoja de papel y dibuja de memoria una lata de Coca-Cola. Comprobarás que tu imagen mental parecía mucho más rica que la ejecución final. La imagen siguiente muestra la generación de una lata de Coca-Cola por ChatGPT 5.2, juzga por ti mismo la verosimilitud.

Figura 2.16 Aproximación a una lata de Coca-Cola real generada con ChatGPT

2.8.4. Cómo aprende a generar imágenes una IA

Al igual que en el lenguaje y la visión, la generación de imágenes se basa en aprender regularidades a partir de grandes cantidades de datos. El enfoque más influyente hoy es el de los modelos de difusión.

De forma simplificada, el proceso puede entenderse en tres ideas clave.

1. Aprender destruyendo imágenes

Durante el entrenamiento, el modelo toma imágenes reales y les añade ruido progresivamente, paso a paso, hasta que se vuelven casi irreconocibles. El objetivo del modelo es aprender el proceso inverso: cómo eliminar ese ruido para recuperar una imagen plausible.

Al repetir este proceso con millones de imágenes, el modelo aprende qué combinaciones de píxeles suelen aparecer juntas, qué estructuras visuales son frecuentes y qué configuraciones "tienen sentido" dentro del mundo visual aprendido.

No memoriza imágenes concretas. Aprende cómo se organizan las imágenes en general.

2. Generar es quitar ruido

Cuando el modelo genera una imagen nueva, no empieza desde un lienzo en blanco. Empieza desde ruido aleatorio. A través de múltiples pasos, va eliminando ese ruido poco a poco, guiado por lo que ha aprendido durante el entrenamiento.

Cada paso ajusta ligeramente los píxeles hacia configuraciones más probables: bordes, formas, texturas, objetos. Tras decenas o cientos de iteraciones, el ruido se transforma en una imagen coherente.

Generar una imagen es, literalmente, convertir el ruido en una estructura.

3. El texto como guía visual

En muchos modelos actuales, la generación se controla mediante el texto. La descripción escrita no se "convierte" directamente en una imagen. En su lugar, el texto se transforma en una representación matemática que guía el proceso de eliminación de ruido.

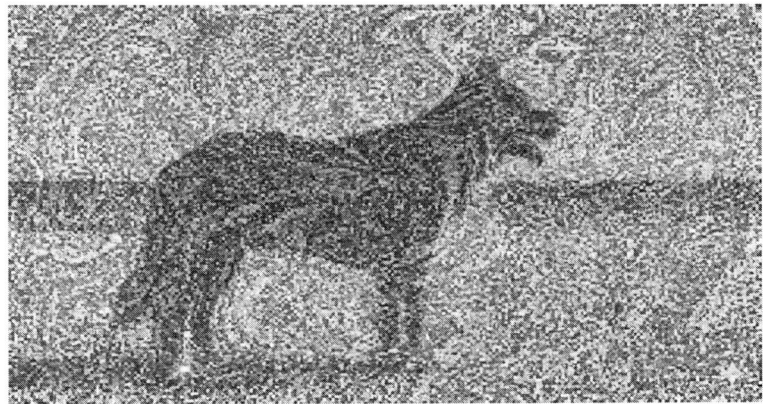

Figura 2.17 Un perro en la playa en proceso de generación

Así, cuando escribimos "un perro en la playa", el modelo no sabe qué es un perro ni qué es una playa, pero ajusta la generación hacia regiones del espacio visual que suelen corresponder a esas palabras según lo aprendido.

2.8.5. Aplicaciones de los modelos generativos de imágenes

La generación de imágenes es mucho más que dibujar desde la nada. Los modelos actuales funcionan como una "navaja suiza" visual que nos permite realizar múltiples transformaciones:

Creación desde el texto o la imagen: el uso más conocido es convertir palabras en píxeles o usar un boceto para guiar el resultado final. Es la base de cualquier asistente creativo moderno.

Edición y transformación: cambiar la realidad de una foto. Desde poner unas gafas a quien no las lleva hasta cambiar un día soleado por uno lluvioso, alterando solo lo que tú decidas.

Relleno y ampliación: la IA "imagina" lo que falta. Puede reconstruir una foto antigua rota o "deshacer el zoom" de una imagen, inventando un paisaje alrededor que encaje perfectamente.

Fusión de estilos: la capacidad de pintar tu foto como si fuera un Van Gogh, o un render 3D, tomando la "personalidad" de una imagen y aplicándosela a otra.

2.8.6. Modelos generativos de imagen conocidos

Algunos de los modelos más representativos en este campo y de los que seguramente ya has oído hablar:

Stable Diffusion

Desarrollador: Stability AI (y una inmensa comunidad Open Source).

Características clave: su mayor fortaleza es que es abierto. Puedes descargarlo y ejecutarlo en tu propio ordenador sin internet. Esto ha permitido crear un ecosistema infinito de herramientas de control (ControlNet, LoRAs) que permiten una precisión en la edición y la postura que ningún otro modelo cerrado puede igualar.

Midjourney

Desarrollador: Midjourney, Inc. (laboratorio independiente).

Características clave: famoso por tener una "opinión estética" muy fuerte; incluso con instrucciones vagas, tiende a generar imágenes bellas, dramáticas y con una iluminación espectacular.

DALLE-3

Desarrollador: OpenAI.

Características clave: su punto fuerte es su fidelidad a las instrucciones y su integración en ChatGPT.

Nano Banana

Desarrollador: Google DeepMind.

Características clave: destaca por sus fotorrealismo y su capacidad de edición.

Flux

Desarrollador: Black Forest Labs (fundada por los creadores originales de Stable Diffusion).

Características clave: ha destronado a Stable Diffusion como el modelo abierto de mayor calidad.

Adobe Firefly

Desarrollador: Adobe.

Características clave: se diferencia por haber sido entrenada exclusivamente con imágenes de Adobe Stock y de dominio público. Esto la convierte en la opción más segura legalmente para empresas ("Copyright safe").

2.9. Multimodal

Hasta ahora hemos analizado los modelos de lenguaje y de imagen por separado, pero la frontera entre ambos como imagino has podido ir experimentando es cada vez más difusa. La tendencia actual es la Multimodalidad Nativa.

Modelos de vanguardia como ChatGPT o Gemini ya no trabajan con compartimentos estancos; permiten interactuar de forma fluida integrando el texto, la visión y el audio en una misma conversación. Un modelo multimodal no se limita a leer; es capaz de procesar múltiples tipos de entrada (inputs) simultáneamente:

- Preguntas escritas
- Imágenes y vídeo
- Fragmentos de audio o voz
- Documentos y archivos de datos

De igual forma, su respuesta es dinámica: puede explicarte con texto lo que ve en una foto, generar una imagen nueva a partir de un audio, o analizar un documento y convertirlo en un gráfico.

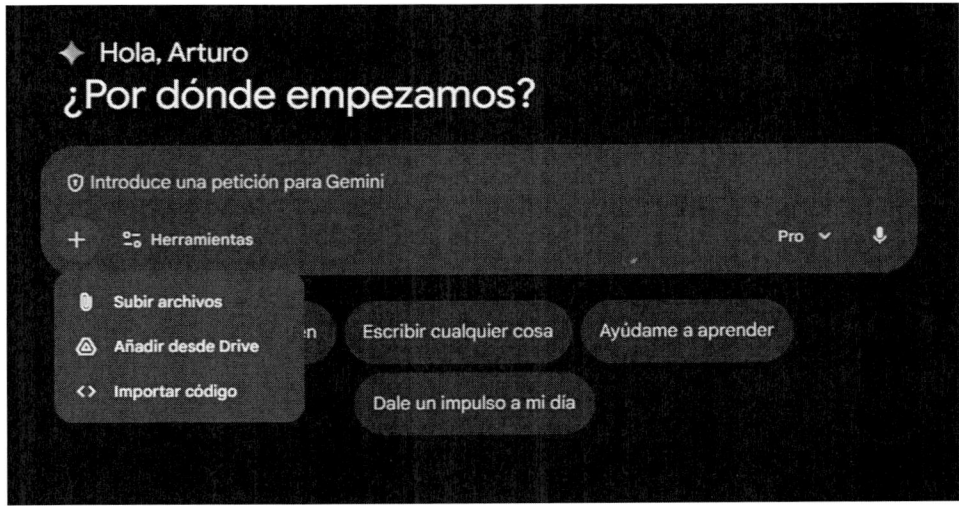

Figura 2.18 Interfaz de chatbot Google Gemini donde podemos adjuntar (+) una gran variedad de archivos y enriquecer nuestra petición más allá del texto

2.10. Errores, límites y alucinaciones

Uno de los mayores peligros de la IA no es que se equivoque, sino que se equivoque con seguridad. La fluidez del lenguaje o la calidad visual pueden llevar a delegar demasiado criterio en la máquina.

Aquí la responsabilidad vuelve a ser humana.

La IA es una herramienta poderosa para explorar, resumir, generar alternativas o acelerar procesos. Pero no sustituye la verificación, el juicio experto ni la toma de decisiones conscientes.

En el contexto de la IA se habla de alucinaciones cuando un modelo genera información que suena correcta pero no lo es: datos inventados, citas inexistentes, hechos falsos presentados con seguridad.

No es que la máquina "fantasee". Es que, ante la falta de información clara, rellena los huecos con lo más probable.

Por eso una IA puede: citar estudios que no existen, atribuir frases a autores equivocados, describir imágenes que no están presentes, o dar instrucciones incorrectas con un tono convincente.

La IA no sabe que no sabe, y es ahí donde entra de lleno nuestro criterio.

2.11. Cierre

Detrás de cada respuesta, imagen o decisión no hay comprensión ni intención, sino modelos matemáticos, datos y computación trabajando juntos.

Hemos visto que la IA no es una entidad única, sino un conjunto de máquinas especializadas: modelos que procesan el lenguaje, analizan las imágenes, generan contenido o combinan múltiples tipos de información.

Estamos listos para adentrarnos en el siguiente capítulo y comprobar cómo la IA puede aumentar nuestras capacidades.

CAPÍTULO 3
EXPERIMENTA TUS NUEVOS SUPERPODERES

Introducción

Veamos hasta dónde podemos llegar con un empujón de la IA. No es para que haga tu trabajo por ti, sino para darte ventaja.

Hoy, con un ordenador y conexión, cualquiera puede acceder a capacidades que hace nada parecían solo para especialistas. La diferencia no está en la máquina, sino en cómo la usamos: con criterio, ganas de aprender y un punto de creatividad.

La pregunta es sencilla: ¿qué superpoder quieres sumar a partir de ahora? Vamos a empezar por lo básico: aprender el "idioma" con el que hablaremos con nuestros modelos.

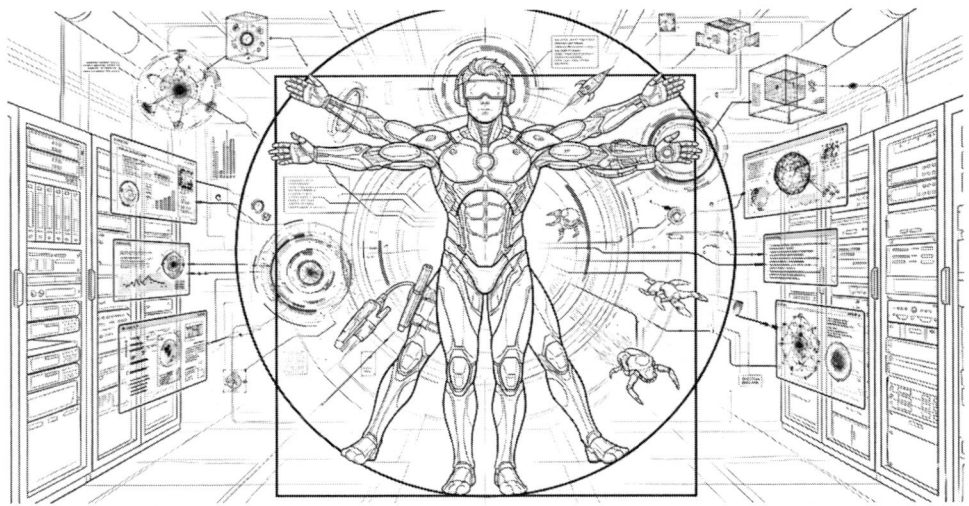

Figura 3.1 Del hombre de Vitruvio al hombre de 2026

3.1. ¿Qué necesitamos? ¿Cómo empezamos?

Para empezar, el requisito básico es muy simple: un ordenador con conexión a internet y un navegador web. Con eso ya puedes acceder a modelos como Gemini (gemini.google.com) o ChatGPT (chatgpt.com), entre otros.

En todos los casos el proceso es parecido: entras, haces login y comienzas a escribir prompts, es decir, instrucciones en lenguaje natural donde describes qué quieres que la IA genere o haga. Por ejemplo: "Dime qué personajes famosos nacieron hoy".

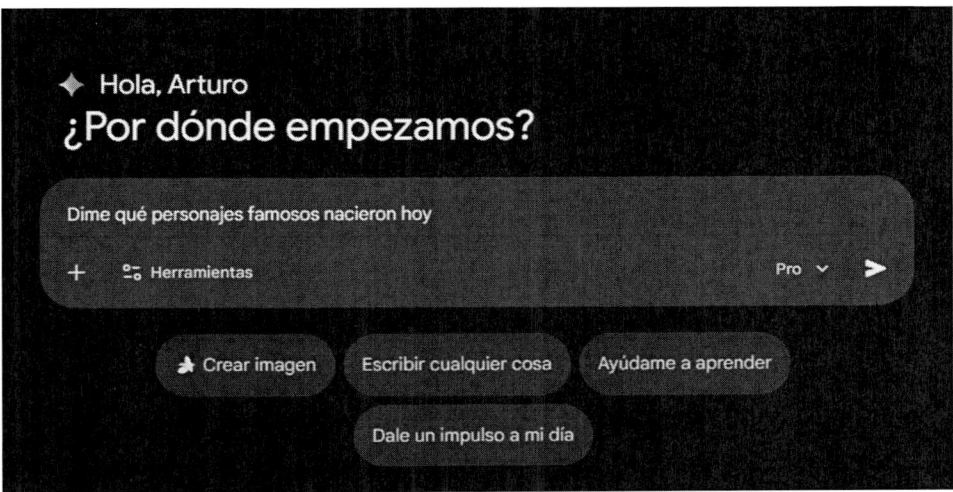

Figura 3.2 Interfaz de Gemini con un prompt introducido

3.2. Estructura del prompt

Como vimos en el capítulo anterior, el conocido Prompt Engineering (Ingeniería de Prompts) es, básicamente, programar con lenguaje natural. Antes, para que una máquina hiciera algo útil, tenías que escribir código. Hoy, para que modelos como GPT o Gemini hagan un trabajo excelente, la clave es saber pedirlo bien.

Piensa en la IA como en un asistente extremadamente capaz: ha leído muchísimo y es rápido, pero no tiene sentido común, no adivina lo que quieres y no rellena bien los huecos si tú no se los das. Este capítulo te da el porqué (la lógica) y el cómo (la técnica) para dominarlo.

3.2.1.   El porqué: La lógica de la probabilidad

Estas IAs no "saben" la respuesta como una persona. Funcionan como motores de predicción: generan texto calculando cuál es la siguiente palabra más probable dadas tus instrucciones.

Por eso, un prompt ambiguo suele producir resultados mediocres.

Prompt malo: "Escribe un correo de ventas."

El modelo se queda sin datos: ¿ventas de qué?, ¿para quién?, ¿qué tono?, ¿qué objetivo? Ante esa falta de contexto, tiende a lo más típico: un correo genérico que suena a plantilla y a veces a spam.

Prompt bueno: reduce la ambigüedad y guía el resultado.

Cuanto más claro seas, menos "rellena" el modelo por su cuenta y más probable es que llegue a una respuesta útil.

3.2.2.   El cómo: La fórmula maestra (RCOF)

Para construir prompts sólidos usa esta estructura mental. Si cubres estos cuatro puntos, rara vez fallarás:

R — Rol

Dile quién debe ser. Esto activa el vocabulario, los criterios y los tonos adecuados.

Ejemplos: "Actúa como un experto en marketing digital..." / "Actúa como profesor de Física para niños...".

C — Contexto

Dale antecedentes: qué está pasando, para qué es y quién lo leerá.

Ejemplo: "Estoy lanzando una marca de zapatillas ecológicas... Mi público son jóvenes que odian la publicidad tradicional...".

O — Objetivo

Define la instrucción con un verbo claro: qué quieres que haga.

Ejemplo: "Escribe un correo de bienvenida para los nuevos suscriptores…".

F — Formato

Pon restricciones y la forma de entrega: tono, extensión, estructura, estilo.

Ejemplo: "Tono cercano y con humor. Máximo 150 palabras. Incluye una llamada a la acción al final. Formato: texto plano".

3.2.3. Técnicas avanzadas

Si usas la RCOF obtendrás resultados muy buenos. Pero podemos afinar aún más con varias técnicas:

A) Few-shot prompting (dar ejemplos)

En vez de decir solo "hazlo", enseña el patrón.

Ejemplo:

"Crea eslóganes para mi marca.

Nike → Just Do It.

Apple → Think Different.

Mi marca: (pan tradicional) →".

Los ejemplos fijan el estilo, la longitud y la lógica.

B) Razonamiento guiado (sin "magia")

Para tareas lógicas o con pasos, pide que verifique antes de responder.

Ejemplo: "Antes de dar la respuesta, revisa posibles errores y valida el resultado".

C) Iteración (el diálogo)

Rara vez sale perfecto a la primera. Ajusta como lo harías con un humano:

"Está bien, pero suena formal. Reescríbelo más coloquial, como si me lo contara un amigo".

3.2.4. Meta-prompting

Si la IA puede escribir el prompt perfecto, ¿para qué tener en cuenta todo lo anterior? Esto se llama meta-prompting, y es usar la IA para mejorar tus prompts. El problema es que no hace magia: si tu petición inicial es vaga, la IA tendrá que rellenar huecos con suposiciones.

Y esto puede suponer un problema:

Tú piensas: "Quiero una dieta barata y fácil". Y escribes: "Mejora el prompt para pedir una dieta".

La IA asume que por ejemplo debe "actuar como chef gourmet, con recetas sofisticadas...".

Resultado: un prompt muy bien escrito..., pero no alineado con lo que querías.

Por eso, aunque uses un meta-prompting, sigues necesitando dominar lo básico: **expresar con claridad tu intención, el contexto y las restricciones**.

En los apartados siguientes veremos ejemplos de cómo aplicar estos "superpoderes": desde la lectura y la escritura a la generación de imagen y audio.

3.3. Súper lectura

Para empezar vamos a ver algunos ejemplos prácticos de cómo procesar información usando las "soluciones de lectura" que ofrecen los LLM (modelos grandes de lenguaje). En esencia, los trataremos como un lector avanzado: capaz de resumir, extraer datos, comparar, clasificar y transformar contenido... sin pedir café a cambio (aunque a veces lo merecería).

Para ello, vamos a ejemplificar una serie de instrucciones (prompts) que podemos utilizar con modelos conversacionales tipo ChatGPT (OpenAI). La idea no es memorizar fórmulas mágicas, sino entender patrones de petición claros y reutilizables: qué pedir, cómo pedirlo y con qué nivel de detalle para obtener respuestas más precisas y útiles.

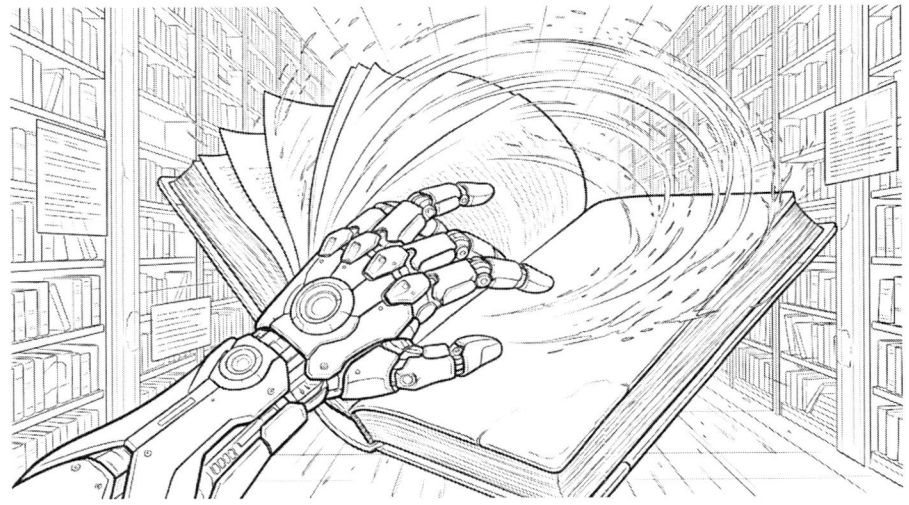

Figura 3.3 Súper lectura en acción

3.3.1. Claridad instantánea

Entender de qué va algo en segundos.

Prompt plantilla: Eres un experto en síntesis de texto. Lee el siguiente texto y devuélveme, en este orden:

De qué va en una frase (máx. 20 palabras).

Idea central (1-2 frases): qué intenta decir el autor por encima de todo.

Por qué importa (1 frase): qué cambia o qué implica si esto es cierto.

Explicación clara (3-5 bullets): traduce el contenido para alguien inteligente pero no experto, sin jerga.

Lo accesorio (opcional, 2-3 bullets): qué detalles se pueden quitar sin perder el mensaje.

Sé directo, no añadas información nueva y evita los adornos.

3.3.2. Sentido crítico aumentado

No tragarse lo que suena bien.

Prompt plantilla: Eres un analista crítico y escéptico. Lee el siguiente texto y evalúalo con rigor. Devuélveme:

Afirmaciones principales (en 3-5 bullets).

Qué está bien sustentado y por qué (evidencias o razonamientos que aporta).

Qué es discutible o débil (saltos lógicos, generalizaciones, correlación vs causalidad, lenguaje vago).

Qué asunciones ocultas hace el autor (lo que da por hecho sin demostrar).

Qué pruebas o datos faltan para creerlo con confianza (qué habría que verificar).

Posibles sesgos o intereses (marco ideológico, selección de ejemplos, omisiones relevantes).

3.3.3. Perspectiva múltiple

Ver el mismo texto desde otros ojos.

Prompt plantilla: Eres un analista editorial. Lee el siguiente texto y reinterprétalo desde varios puntos de vista para mostrar cómo cambia su significado según quién lo lea. Devuélveme:

Resumen neutro (2-3 frases): qué dice el texto sin opinar.

Tres lecturas por rol (elige 3-5):

- Experto del tema (qué valida, qué cuestiona).
- Usuario final/ciudadano (qué le afecta, qué entiende, qué le falta).
- Crítico escéptico (qué dudas abre, qué exigiría como prueba).
- (Opcional) Regulador/periodista/competidor/inversor según encaje.
- Para cada rol: interpretación, qué le preocupa, qué conclusión sacaría (3 bullets).

Comparación contextual: dos enfoques alternativos sobre el mismo tema (ej., optimista vs prudente; técnico vs social) y en qué difieren.

Preguntas clave: 6-10 preguntas que un lector inteligente debería hacerse para evaluar el texto.

No te inventes los datos, separa los hechos de las opiniones y sé conciso.

3.3.4. Transmutación en acción

Convertir la lectura en impacto.

Prompt plantilla: Eres un analista editorial. A partir del siguiente texto, tradúcelo a consecuencias y próximos pasos. Devuélveme:

Implicaciones clave (5-8 bullets): qué cambia si tomamos en serio lo que afirma el texto.

Decisiones derivadas (3-5): qué habría que decidir a partir de esas implicaciones.

Acciones concretas (5-10): próximos pasos en formato "verbo + objeto" (ej.: "definir métricas", "validar con usuarios", "comparar alternativas").

Ideas nuevas (3-6): enfoques o aplicaciones que se desprenden del texto aunque no estén explícitas.

Cómo lo mejoraría: 3 cambios para hacerlo más útil/convincente (qué añadir, qué clarificar, qué recortar) y qué evidencia faltaría.

Sé específico, evita las generalidades y no te inventes datos que no estén en el texto.

3.4. Súper escritura

Escribir no es solo "redactar y que suene bien". Es pensar con orden: estructurar ideas, elegir el tono, adaptar el mensaje a un público y pulir hasta que suene claro y convincente. Con modelos como ChatGPT o Gemini, la diferencia no está en "pedir un texto", sino en dirigir el proceso de escritura paso a paso.

Además, no trabajaremos solo desde cero. También podremos pegar textos existentes o adjuntar archivos (documentos, notas, PDF, etc.) para pedir: revisiones, reescrituras, resúmenes, cambios de tono, detección de inconsistencias o mejoras de estructura.

La súper escritura consiste en convertir la IA en un editor y copiloto: cuanto más precisos sean el objetivo, el público, el tono y las restricciones, mejor será el resultado. A continuación se presentan algunos de los superpoderes de la escritura aumentada, cada uno con su prompt canónico y ejemplos de uso.

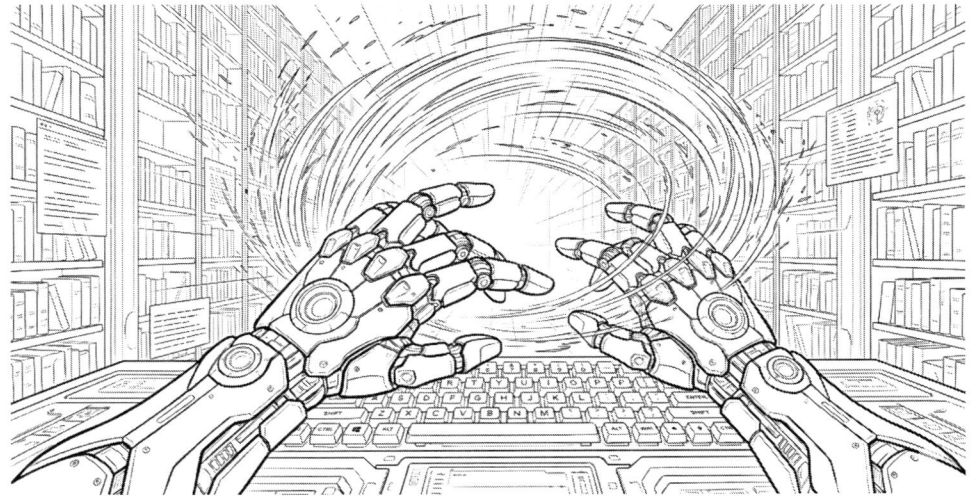

Figura 3.4 La súper escritura en acción

3.4.1. Pensar por escrito

Usar la escritura para aclarar ideas.

Prompt plantilla: Eres un escritor y un facilitador. Quiero pensar por escrito sobre el tema que te doy.

Antes de escribir, hazme 3-5 preguntas para concretar el objetivo, la audiencia y los puntos difusos.

Después, guíame paso a paso: ordena las ideas, detecta las contradicciones, señala las ambigüedades y propón definiciones o alternativas cuando falte precisión.

Redacta un texto exploratorio (no final) que me ayude a entender el tema: incluye las hipótesis, las dudas abiertas y los posibles enfoques.

Cierra con:

Idea central provisional (1 frase)

Puntos clave (5-8 bullets)

Lo que falta decidir (3-5 bullets)

Próximos pasos (3 acciones concretas)

3.4.2. Creación desde cero

Pasar de la página en blanco a un primer borrador.

Prompt plantilla: Eres un experto en [tema que quieras] y un redactor profesional. Necesito pasar de cero a un primer borrador utilizable.

Si falta información, hazme hasta 5 preguntas rápidas (objetivo, audiencia, tono, formato, puntos clave).

Propón primero una estructura clara (títulos y bullets) y espera mi "ok" implícito: si no te corrijo, asume que la estructura vale.

Escribe el borrador completo siguiendo esa estructura. No busques la perfección: prioriza la claridad, la coherencia y una base sólida para iterar.

Cierra con 3 mejoras sugeridas (qué añadir, qué recortar, qué aclarar).

3.4.3. Estructura y argumento

Dar forma, orden y fuerza a lo que dices.

Prompt canónico: Eres un experto en [tema que quieras] y un editor estratégico. Voy a darte un texto (o ideas sueltas) y quiero que lo conviertas en un contenido con una estructura clara y un argumento sólido.

Diagnóstico rápido (5 bullets): qué funciona, qué falta, qué sobra, dónde se rompe la lógica y qué no está definido.

Reestructuración: propón una nueva estructura (títulos + bullets) con una progresión lógica.

Argumento central: formula una tesis (1 frase) + 3-5 razones con evidencia/ejemplos y transiciones claras.

Objeciones: anticipa 3 objeciones fuertes y responde a cada una sin sonar defensivo.

Versión final: reescribe el texto completo siguiendo la nueva estructura y mejorando la claridad, la fuerza y la coherencia.

3.4.4. Precisión comunicativa

Decir exactamente lo que quieres decir.

Prompt plantilla: Eres un editor profesional. Reescribe el siguiente texto para que sea más claro, preciso y fácil de leer sin cambiar el significado ni añadir información nueva.

Reglas:

Mantén los hechos y la intención original.

Elimina las redundancias y frases vagas.

Sustituye la jerga innecesaria por lenguaje directo.

Mejora la estructura de las frases y párrafos.

Entrega: 1) versión mejorada, 2) lista breve de cambios clave (3-5 bullets).

TEXTO: [pega aquí el texto que quiere reescribir].

3.4.5. Adaptación de la voz y el contexto

Cambiar cómo suena el texto sin cambiar lo que dice.

Prompt plantilla: Eres un editor de estilo. Reescribe el siguiente texto para que encaje con el público y el contexto indicados ajustando el tono, estilo y nivel de detalle, pero sin cambiar el significado.

Entrega:

Versión adaptada (manteniendo ideas y datos).

Qué cambiaste (3-5 bullets: tono, vocabulario, longitud, nivel técnico).

Completa e incluye esta estructura:

TEXTO: [pega aquí el texto que quieres adaptar].

PÚBLICO: [quién lo leerá].

CONTEXTO: [dónde se usa: email, web, charla, informe...].

TONO: [formal/divulgativo/persuasivo/cercano].

NIVEL: [básico/intermedio/experto].

EXTENSIÓN: [corta/media/larga].

3.4.6. Traducción con intención

Mover ideas entre idiomas sin perder el significado.

Prompt plantilla: Eres un traductor profesional y editor bilingüe. Traduce el siguiente texto de [idioma origen] a [idioma destino] manteniendo el significado, el tono y la intención comunicativa.

Reglas:

No traduzcas literal si suena raro: prioriza la naturalidad.

Mantén el registro (formal/cercano/técnico) y la voz del autor.

Conserva los nombres propios, las cifras y los términos clave (o propón equivalentes si procede).

Entrega:

- Traducción final (natural, estilo nativo).
- Notas opcionales: 3-5 decisiones de traducción si hubo frases ambiguas o expresiones difíciles.

Completa e incluye esta estructura:

TEXTO: [pega aquí el texto que quieres traducir].

CONTEXTO/FINALIDAD: [email, web, presentación, legal, marketing...].

PÚBLICO: [quién lo leerá].

TONO: [formal/divulgativo/persuasivo/cercano].

3.4.7. Narrativa y storytelling

Convertir la información en un relato.

Prompt plantilla: Eres un guionista y storyteller. Convierte el siguiente contenido en una narrativa clara y atractiva que mantenga el interés sin perder los hechos.

1) Identifica el mensaje central (1 frase) y el "por qué importa" (1 frase).

2) Elige una estructura narrativa adecuada (problema → tensión → descubrimiento → resultado, o antes → durante → después).

3) Reescribe el texto como historia, con ejemplos concretos y ritmo, evitando el relleno.

4) Cierra con una idea final memorable (1–2 frases).

Completa e incluye esta estructura:

CONTENIDO: [pega aquí el texto que quieres convertir en relato].

PÚBLICO: [quién lo leerá].

TONO: [divulgativo/inspirador/serio/humorístico...].

LONGITUD: [corta/media/larga].

3.4.8.   La escritura bajo unas restricciones

Es bueno marcar los límites.

Prompt plantilla: Eres un redactor profesional. Escribe el texto solicitado cumpliendo estrictamente las siguientes restricciones sin perder la claridad ni la coherencia.

Completa e incluye esta estructura:

OBJETIVO: [qué debe lograr el texto].

PÚBLICO: [quién lo leerá].

TONO: [formal/cercano/persuasivo/divulgativo...].

RESTRICCIONES:

Longitud: [n.º palabras/caracteres].

Formato: [bullets/email/hilo/guion...].

Estilo: [simple/técnico/inspirador...].

Prohibido: [palabras/temas].

Obligatorio: [palabras/frases/CTA/datos].

Otros: [estructura, emoji sí/no, etc.].

CONTENIDO BASE (si se trabaja sobre una referencia): [pega el texto de referencia].

3.4.9. Copiando el estilo con Claude

Figura 3.5 Claude.ai

Claude destaca especialmente cuando lo que necesitas no es solo "escribir bien", sino escribir con consistencia. En cualquier elaboración, un email, una propuesta, un post, un informe, lo difícil no es generar texto, sino conseguir que suene siempre a ti, que mantenga el mismo criterio, el mismo nivel de formalidad, el mismo tipo de frases y la misma personalidad con el paso del tiempo. Esa coherencia es la que construye confianza: en los lectores, clientes y equipos.

Una de las funciones más útiles de Claude para lograrlo es su capacidad de adaptar su manera de expresarse al estilo que mejor encaje contigo y con cada situación. No siempre buscamos lo mismo: a veces quieres rapidez, otras claridad, otras profundidad o un tono más didáctico. Por eso incluye estilos de comunicación predefinidos que puedes activar desde el propio chat: un estilo conciso para respuestas al grano, uno formal para contextos profesionales, uno explicativo para aprender paso a paso, y un estilo normal como equilibrio por defecto. Puedes cambiar de estilo cuando quieras, incluso dentro de una misma conversación.

Y lo más potente es que no te limita a esos estilos: Claude permite crear estilos personalizados. Puedes enseñarle tu forma de escribir subiendo textos o documentos para que imite tu tono, o simplemente describir cómo quieres sonar (más cercano, más técnico, más creativo, más directo). Además, esos estilos se pueden ajustar con libertad: editarlos, renombrarlos, ordenarlos, probar variaciones o eliminarlos.

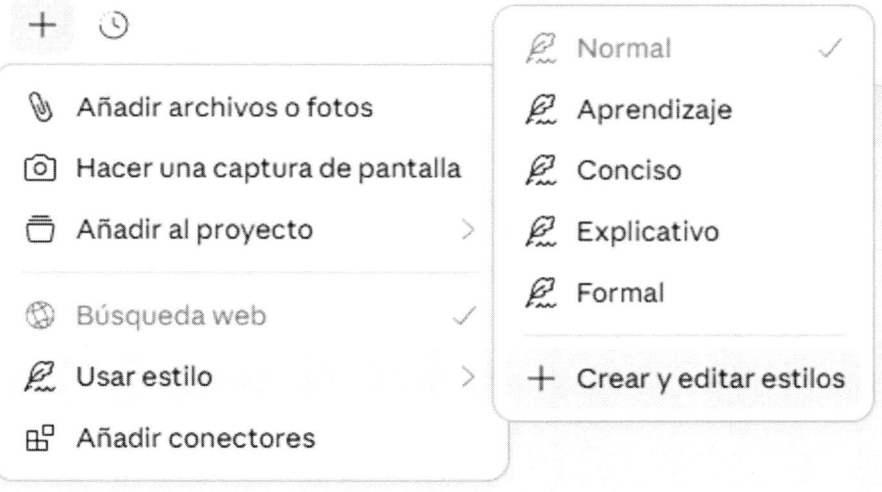

Figura 3.6 Ejemplo de customización de estilos mediante Claude

Método 1: Cargar ejemplos de escritura

1. Desde el menú desplegable "Usar estilo", haz clic en "Crear y editar estilos".

2. Haz clic en "Crear estilo personalizado".

3. Selecciona "Agregar Ejemplo de Escritura" para elegir entre cargar un archivo desde tu dispositivo o pegar el contenido de texto directamente.

4. Haz clic en "Crear estilo".

5. Claude analizará tu escritura y generará un estilo coincidente.

Tus ejemplos de escritura ayudan a Claude a entender y coincidir con tu enfoque de comunicación preferido. Puedes cargar documentos en varios formatos, incluyendo archivos pdf, doc y txt.

Método 2: Describir tu estilo

1. Desde el menú desplegable "Usar estilo", haz clic en "Crear y editar estilos".

2. Haz clic en "Crear estilo personalizado" en la esquina inferior izquierda del modal "Personaliza tus estilos".

3. Elige "Describir estilo en su lugar".

4. Selecciona el punto de partida que mejor se ajuste a tu objetivo.

   1. Claude utilizará el punto de partida seleccionado para ayudarte a crear un estilo efectivo.

   2. Haz clic en "Usar instrucciones personalizadas (avanzado)" para proporcionar tus propias instrucciones de estilo específicas, que Claude seguirá exactamente.

5. Haz clic en "Generar estilo".

3.5. Súper conversación

A muchos nos cuesta practicar inglés en voz alta por razones muy simples: timidez, miedo a equivocarnos delante de otra persona, o la sensación de que "molestamos" si pedimos que nos corrijan. Y si lo que necesitas es una conversación frecuente con alguien paciente, un acompañante, un tutor, un intercambio constante, muchas veces es un lujo que no podemos permitirnos en tiempo o dinero.

Ahí es donde un bot conversacional por voz puede marcar la diferencia. Si quieres practicar inglés, te recomiendo probar Sesame, un laboratorio/startup que está creando "compañeros de voz" que suenan y conversan de forma mucho más humana que los asistentes típicos. Su foco es lo que llaman "voice presence": que al hablar con la IA se sienta real, fluido y cercano.

Han mostrado voces/personas como Maya y Miles, diseñadas para conversaciones naturales: con pausas, risas, cambios de tono e incluso pequeñas interrupciones que hacen que practicar se parezca más a hablar con alguien de verdad.

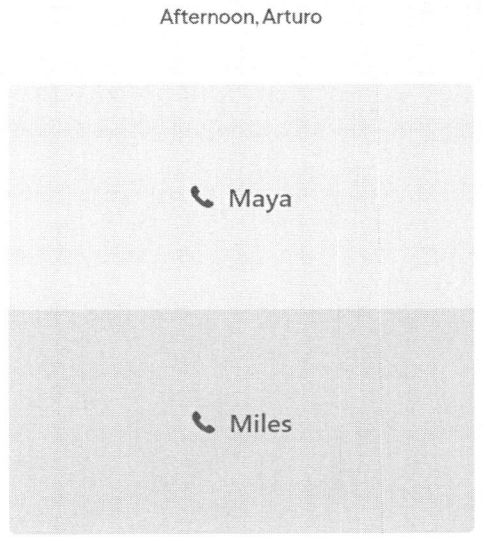

Afternoon, Arturo

📞 Maya

📞 Miles

Figura 3.7 Selector de Avatar en Sesame (https://www.sesame.com/)

3.6. Súper visión

Ver no es solo "mirar una imagen". Es interpretar: detectar qué hay, qué está pasando, qué detalles importan, comparar, medir, encontrar errores y sacar conclusiones. Con modelos multimodales como ChatGPT o Gemini, la diferencia no está en "subir una foto", sino en dirigir el análisis visual: qué buscas, con qué criterio y en qué formato quieres la respuesta.

Además, no trabajaremos solo con imágenes "perfectas". Podremos adjuntar fotos, capturas de pantalla, gráficos, documentos escaneados, tablas, planos o diapositivas para pedir: descripción y resumen, extracción de información, verificación de detalles, comparación entre imágenes, detección de inconsistencias, generación de listas de acciones o incluso ayuda para tomar decisiones ("¿qué opción es más clara?", "¿qué está mal en este diseño?").

La supervisión consiste en convertir la IA en un observador y copiloto visual: cuanto más precisos sean el objetivo (qué necesitas), el contexto (para qué sirve) y las restricciones (nivel de detalle, formato, foco), más útil y fiable será el resultado. A continuación, se presentan algunos de los superpoderes de la visión aumentada con su prompt canónico y ejemplos de uso.

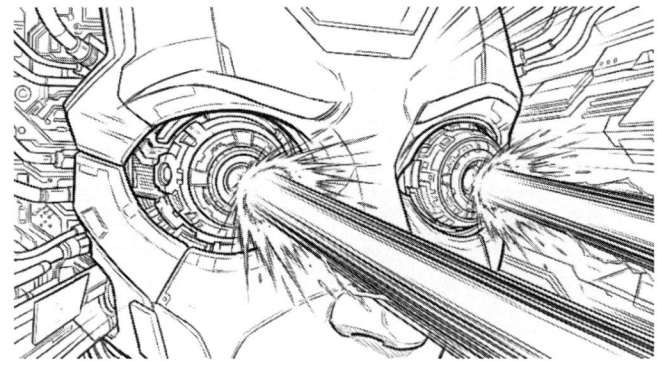

Figura 3.8 Super visión en acción

3.6.1. Comprensión visual global

Entender que está ocurriendo en la imagen.

Prompt plantilla: Eres un analista visual. Observa la imagen y descríbela con precisión.

1) Descripción general (objetiva): qué se ve, sin interpretar ni sacar conclusiones.

2) Elementos principales: lista de objetos/personas/textos/estructuras visibles.

3) Detalles relevantes: pequeños detalles que podrían pasar desapercibidos (señales, gestos, símbolos, anomalías, texto pequeño, etc.).

FORMATO: bullets claros y directos.

NIVEL DE DETALLE: [bajo/medio/alto].

3.6.2. Análisis espacial y geométrico

Entender las posiciones, relaciones y proporciones.

Prompt plantilla: Eres un analista espacial. Observa la imagen y describe la organización geométrica de la escena.

1) Relación entre elementos: cómo se conectan o interactúan (proximidad, superposición, dirección de mirada/acción, jerarquía visual).

2) Posiciones y proporciones: ubicación relativa (arriba/abajo, izquierda/derecha, centro/periferia) y tamaños relativos de los elementos principales.

3) Profundidad y perspectiva: si la escena se percibe plana o profunda; tipo de perspectiva (frontal, lateral, aérea/cenital, forzada) y señales que lo indican (líneas de fuga, desenfoque, escala, sombras).

4) Distancias aproximadas: estimaciones visuales entre los elementos usando referencias ("aprox. el doble de...", "muy cerca/medio/lejos").

FORMATO: bullets + (opcional) un esquema textual simple si ayuda.

NIVEL DE DETALLE: [bajo/medio/alto].

3.6.3. Evaluación técnica y visual

Detectar los problemas, errores y limitaciones.

Prompt plantilla: Eres un revisor técnico de imagen. Evalúa la calidad visual y detecta los problemas, sin suposiciones innecesarias.

1) Análisis técnico: iluminación (exposición, sombras), enfoque/nitidez, color (balance, dominantes), ruido/compresión, resolución, rango dinámico, encuadre y composición.

2) Puntos flojos: qué partes resultan confusas o débiles y por qué (distracciones, falta de contraste, elementos cortados, texto ilegible, fondo sucio, etc.).

3) Errores técnicos probables: lista de fallos y su causa posible (p. ej., trepidación, mala luz, mala compresión, foco fallido).

4) Recomendaciones rápidas: 3-5 acciones concretas para mejorarlo (captura, edición o reencuadre).

3.6.4. Riesgos, incoherencias y fiabilidad

No fiarse solo de lo que aparece.

Prompt plantilla: Eres un revisor de fiabilidad visual. Analiza la imagen buscando puntos donde sea fácil equivocarse o interpretar mal.

1) Ambigüedades: qué partes no se ven claras y pueden dar lugar a lecturas distintas.

2) Incoherencias: elementos que "no encajan" (proporciones raras, sombras/luz inconsistentes, perspectivas imposibles, texto extraño, artefactos de edición/IA, señales de manipulación).

3) Riesgos de interpretación: qué podría entender mal un observador y qué consecuencias tendría (bajo/medio/alto).

4) Qué faltaría para estar seguro: qué información adicional o mejor imagen haría falta (otra toma, más resolución, contexto, zoom, metadatos, fuente).

5) Comparación con estándar (si aplica): compara con el estándar del contexto [sector/uso] y señala las desviaciones relevantes (composición, legibilidad, requisitos técnicos, consistencia de marca, etc.).

CONTEXTO/SECTOR: [p. ej., e-commerce, clínica, prensa, diseño UX, documento legal...].

FORMATO: bullets + etiqueta de riesgo (bajo/medio/alto).

3.6.5.   Medición y estimación visual

Cuantificar sin instrumentos.

Prompt plantilla: Eres un analista visual. A partir de la imagen, realiza conteos y estimaciones útiles sin inventar la precisión.

1) Qué vas a medir/contar: define exactamente qué elementos cuentan (criterio de inclusión/exclusión).

2) Conteo: número de elementos visibles (o rango si no es posible el exacto).

3) Estimaciones visuales: tamaños relativos, densidad, distribución, proporciones o volúmenes (solo aproximaciones).

4) Certeza: marca cada resultado como alta/media/baja y explica por qué (oclusiones, baja resolución, ángulo, etc.).

5) Cómo mejorarlo: qué haría falta para medir mejor (otra foto, referencia de escala, zoom, mejor luz).

OBJETIVO: [qué quieres cuantificar].

FORMATO: tabla o bullets (elige uno).

3.6.6. Interpretación humana

Inferir sin inventar.

Prompt plantilla: Eres un analista visual. A partir de la imagen, distingue con claridad entre lo que se ve y lo que se infiere.

1) Observaciones directas (hechos visibles): describe solo lo que está en la imagen (gestos, posturas, miradas, objetos, entorno).

2) Emociones aparentes (si hay personas): indica qué emoción podría estar expresándose y por qué (señales visibles), marcando incertidumbre: baja/media/alta.

3) Inferencias razonables: propón 3-5 hipótesis sobre qué podría estar ocurriendo, cada una con:

- Hipótesis.
- Evidencias visuales que la apoyan.
- Qué podría contradecirla.

4) Riesgos de malinterpretación: qué detalles podrían llevar a conclusiones erróneas y qué información faltaría para confirmar.

CONTEXTO (opcional): [foto familiar/escena pública/diseño/noticia/clínica...].

FORMATO: bullets claros, separando "VEO" vs "INFIERO".

3.6.7. Mejora y optimización visual

Mejorar una imagen con un objetivo claro.

Prompt plantilla: Eres un realizador audiovisual. Analiza la imagen y propón mejoras concretas según el objetivo indicado.

1) Objetivo y criterio: resume en 1 frase qué debe lograr la imagen (claridad/impacto/precisión/estética/conversión/documentación).

2) Qué funciona: 3 puntos fuertes que conviene mantener.

3) Qué limita el resultado: 3-6 problemas específicos (luz, encuadre, legibilidad, color, fondo, jerarquía visual, distracciones, etc.).

4) Mejoras accionables: 5-10 cambios en formato "haz X para conseguir Y" (captura, edición o diseño).

5) Versión ideal: describe cómo debería verse la imagen final en 3-5 bullets (como guía para rehacerla o editarla).

OBJETIVO: [claridad/impacto/precisión/estética...].

CONTEXTO: [foto, diseño, documento, e-commerce, presentación...].

RESTRICCIONES: [sin re-shoot/solo edición/mantener la marca/etc.].

FORMATO DE SALIDA: [bullets/checklist/plan de edición].

3.7. Súper generador de imágenes

Antes de pasar a los ejemplos, conviene dejar clara una distinción importante: que una herramienta acepte texto no significa que sea un "modelo de lenguaje".

Los LLM (Large Language Models) están diseñados para trabajar con el lenguaje: entender instrucciones, mantener el contexto, razonar, explicar y ayudar a tomar decisiones. Algunos LLM, además, son multimodales y pueden generar imágenes como extensión natural de esa interacción por texto.

Pero también existen sistemas cuyo núcleo no es el lenguaje, sino la imagen. Son modelos generativos visuales entrenados específicamente para producir imágenes, y el texto funciona solo como mando a distancia: una forma de guiar el resultado (estilo, contenido, composición), aunque el "motor" real sea visual.

En este capítulo vamos a centrarnos en lo que realmente importa en la práctica: la generación visual guiada por lenguaje. Da igual si por debajo hay un LLM con capacidades de imagen o un modelo visual especializado: el cambio clave es que el lenguaje se convierte en la interfaz. En lugar de manejar botones y menús, describes lo que quieres ver, ajustas matices, iteras y refinas hasta llegar al resultado.

Para los ejemplos vamos a usar uno de los modelos más potentes y accesibles ahora mismo desde Google Gemini: Nano Banana. A partir de aquí, trabajaremos con prompts claros y repetibles para controlar qué aparece, cómo se ve y cómo mejorar iteración tras iteración. Vamos allá.

Desde el propio interfaz de Google Gemini puedes acceder a diferentes modelos como Nano Banana (crear imágenes).

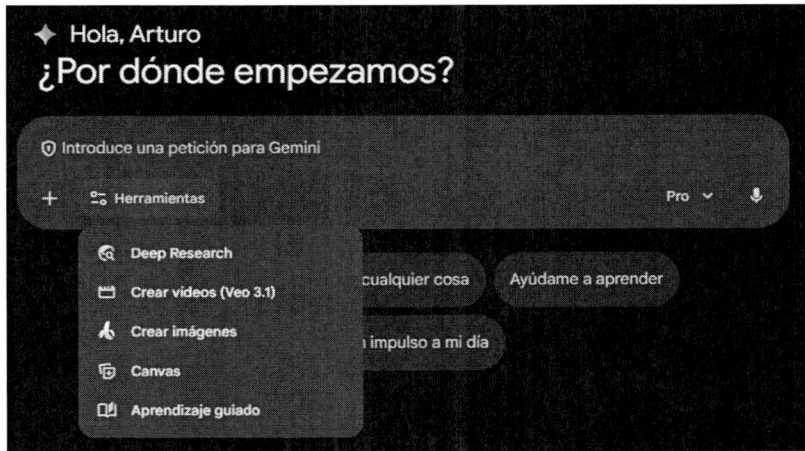

Figura 3.9 Interfaz de Google Gemini (gemini.google.com) con Nano Banana

Para generar una imagen procederíamos escribiendo de la siguiente forma:

Genera una imagen de [lo que quieras], especificando:

- entorno

- iluminación

- estilo visual

- nivel de detalle

Ejemplo:

Genera una imagen de un animado parque de barrio en una tarde soleada, creado enteramente como una ilustración tradicional hecha a mano.

Entorno: Un parque urbano acogedor con senderos de tierra sinuosos, grandes árboles frondosos (robles y arces), bancos de madera rústica y un pequeño quiosco de música central. Hay familias haciendo picnic en el césped, gente paseando perros y niños en un área de juegos con columpios.

Iluminación: Luz natural cálida de atardecer, representada artísticamente con trazos suaves de lápiz amarillo, naranja y crema. Las sombras no son negras, sino que están creadas con tramas cruzadas (hatching) de tonos azules, morados y verdes oscuros para dar volumen.

Estilo visual: Ilustración tradicional con una mezcla de tinta china (para los contornos expresivos e imperfectos) y lápices de colores acuarelables sobre papel de grano grueso. La estética es nostálgica, cálida y artesanal, similar a un dibujo sacado de un cuaderno de bocetos de un artista.

Nivel de detalle: Medio-alto, pero enfocado en la textura y la técnica más que en el fotorrealismo. Se debe apreciar claramente la textura rugosa del papel, las marcas individuales de los lápices de colores y la superposición de trazos. El fondo puede estar ligeramente más abocetado.

Figura 3.10 Un escena en el parque generada con Nano Banana

A continuación vamos a ver algunas opciones de edición.

3.7.1. Edición estructural

Aquí no se crea una imagen nueva, se interviene sobre una existente.

Realizamos una variación sobre la IMAGEN 1, adjuntándola y solicitando que quite a la gente manteniendo el resto de los detalles.

Figura 3.11 La misma escena del parque editada con Nano Banana

3.7.2. Optimización visual

Mejorar algún aspecto de la imagen, como puede ser el reencuadre.

Con base en la imagen de referencia (adjuntando la imagen anterior) genera una vista a golpe de dron.

Figura 3.12 Cambio de toma de la escena del parque

3.7.3. Transformación del contexto

Con base en la imagen de referencia se modifica el entorno.

Solicitamos algo del estilo: Con base en la imagen de referencia (adjuntada) modifica la imagen como si la escena transcurriese en otoño (ej., hojas en el suelo), respeta todo los elementos presentes en la misma.

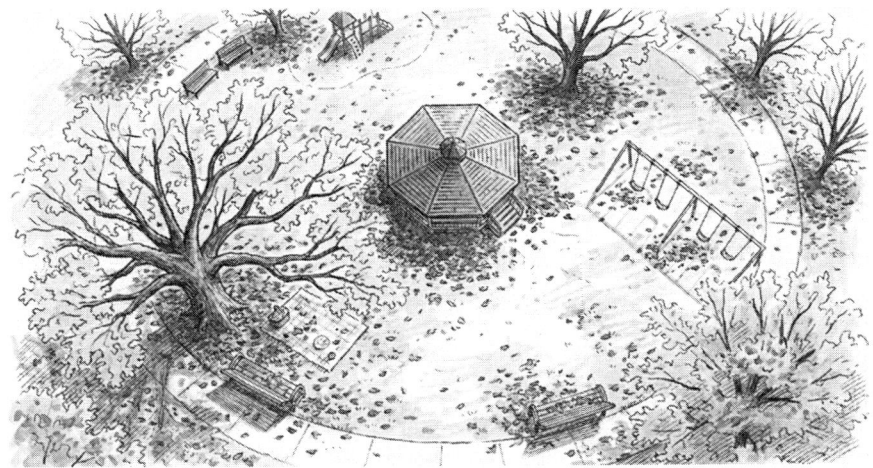

Figura 3.13 Cambio de estación de la escena del parque

Consejo final:

Siempre que puedas sé **específico**, describe **qué quieres ver**, no solo la idea. Indica el **estilo, la iluminación y el propósito**. A menor ambigüedad = mejores resultados.

3.7.4. Creando un cómic

Imagina que te gusta crear cómics, pero no te gusta dibujarlos, la IA puede ayudarte en eso (también a escribirlos).

Hace unos años el problema era la consistencia en crear un mismo personaje a lo largo de las viñetas. Aquí te muestro un ejemplo, imagina que has dibujado la cara de un personaje y quieres animarlo a lo largo de una serie de 6 viñetas.

Figura 3.14 La cara de nuestro protagonista

Para ello vamos a utilizar el siguiente PROMPT en ChatGPT-5:

Usa la IMAGEN DE REFERENCIA ADJUNTA para el protagonista (un niño). Mantén los rasgos reconocibles (cara, pelo, complexión y ropa) de forma consistente.

OBJETIVO:

Genera UNA ÚNICA IMAGEN que sea una página de cómic dividida en 6 viñetas (rejilla 2 filas x 3 columnas), con márgenes blancos y una separación clara entre las viñetas. No generes 6 imágenes sueltas.

ESTILO (obligatorio):

- Blanco y negro puro (sin color).

- Trazo lineal a tinta, limpio y expresivo.

- Sombras con rayado (cross-hatching) y alto contraste.

- Tono cinematográfico, realista, ligeramente misterioso.

- Bocadillos simples y legibles; poco texto.

INSPIRACIÓN ESTILÍSTICA (una sola):

- Inspirado en Hugo Pratt (línea elegante, atmósfera y composición clara).

CONTINUIDAD:

- Misma apariencia del niño en las 6 viñetas (según referencia).

- Progresión visual de la ciudad al bosque, coherente en la luz y el ambiente (amanecer → bosque más oscuro).

COMPOSICIÓN:

- Varía la cámara (detalle, medio, general) pero mantén la continuidad.

- Añade SFX discretos cuando encaje ("CLACK", "RRR", "CRUNCH").

GUION POR VIÑETAS (numeradas 1-6 dentro de cada viñeta):

1) Habitación al amanecer. Plano medio: el niño se incorpora en la cama; luz entrando por la ventana. Narración mínima: "Hoy salgo temprano".

2) Portal/garaje. Plano detalle: mano del niño cogiendo el casco/llaves; la bici apoyada al fondo. SFX: "CLACK".

3) Calle de la ciudad. Plano general: el niño pedalea saliendo; edificios atrás, ciudad aún presente. SFX suave: "RRR".

4) Camino de salida. Plano medio lateral: la ciudad ya queda lejos; aparecen los árboles y la vegetación. El niño mira al frente decidido.

5) Entrada al bosque. Plano general desde atrás: árboles altos, sombras más densas; el niño reduce la velocidad; hojas y gravilla. SFX: "CRUNCH".

6) Claro del bosque. Plano medio/contraplano: el niño se detiene (pie en el suelo, bici a un lado). Frente a él, un ciervo realista lo mira fijamente. Silencio tenso. El ciervo dice: "Hola...".

RESTRICCIONES:

- No fantasía, no violencia, no gore.

- Fondos con un detalle medio (claros, no recargados).

- Mantén el ciervo realista, tranquilo y con la mirada directa.

Figura 3.15 Tira realizada con ChatGPT-5 a partir de las indicaciones de escena y la referencia visual de nuestro protagonista

No es la mejor historia del mundo, pero sirve para ilustrar la capacidad generativa y la coherencia que nos ofrece la IA. Fíjate en cómo se mantiene la estética y el look del personaje a lo largo de toda la secuencia.

Por otro lado, además de los LLM multimodales, existen generadores visuales cuyo núcleo no es el lenguaje, pero que se controlan igual: con instrucciones en texto. Un ejemplo claro es Midjourney, un modelo especializado en creación visual que destaca por producir imágenes de alto detalle. En la práctica, el flujo es muy parecido: describes lo que quieres, ajustas el estilo y los detalles, y vas iterando hasta llegar al resultado.

Figura 3.16 Interfaz de Midjourney (midjourney.com) con el prompt y la imagen generada.

3.7.5. Vídeo

Hasta ahora, cuando generábamos una imagen, bastaba con describir lo que queríamos ver: el escenario, los personajes, la luz, el estilo y el nivel de detalle. Una imagen es un instante congelado: todo sucede en un solo encuadre.

En cambio, un vídeo no es una imagen fija, sino una secuencia en el tiempo. Por eso, además de la estética, hay que pensar en el movimiento y en cómo mira la cámara: qué elementos se animan, con qué intensidad y ritmo, y qué hace la cámara (panorámica, zoom/dolly, parallax, estabilidad, duración). Dicho de otro modo: en un vídeo no solo definimos qué aparece, sino también cómo evoluciona y desde dónde lo observamos.

Hoy en día podemos generar vídeo de dos formas principales:

- Desde texto (text-to-video): escribimos un prompt y el modelo sintetiza la secuencia completa.
- A partir de frames clave (image-to-video): definimos uno o varios fotogramas de referencia, por ejemplo, una imagen inicial y otra final, y el modelo los usa como puntos de anclaje para construir la animación, más una descripción textual de cómo queremos que evolucione la escena.

Por ejemplo, vamos a generar un vídeo con el modelo **Veo** dentro de **Gemini**, tomando como referencia una de las imágenes generadas anteriormente:

Figura 3.17 Imagen de referencia que actúa como frame inicial para Veo

Para ello, accede a Gemini, carga la imagen de referencia mediante la opción "Adjuntar archivos" (+) y selecciona la opción "Crear vídeos" (Veo):

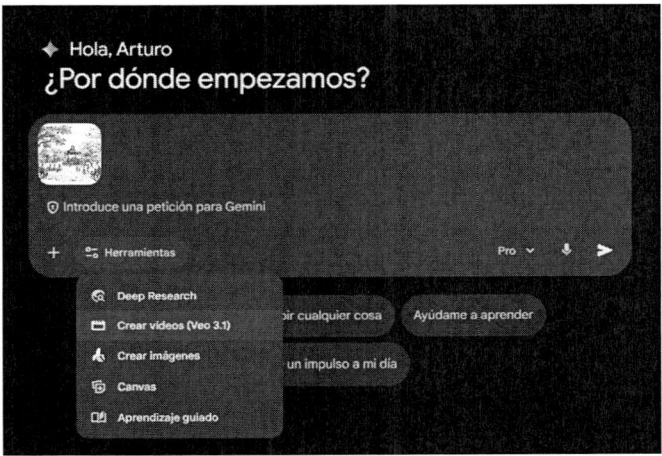

Figura 3.18 Google Gemini con acceso a Veo para la generación de vídeo

Vamos a introducir un prompt que tenga en cuenta el movimiento de la cámara, y también un prompt negativo en el que especificamos con claridad qué debemos evitar en la generación.

PROMPT (animación desde la imagen de referencia adjuntada)

Usa la imagen proporcionada como frame base y mantén exactamente el mismo estilo de ilustración: tinta con línea suelta y sombreado a lápiz, color suave tipo acuarela, textura de papel visible. Animación sutil y realista en un parque al atardecer: las hojas y copas de los árboles se mecen lentamente con una brisa ligera; unas sombras suaves se desplazan muy poco; los niños en los columpios se balancean de forma natural; algunas personas parpadean y hacen pequeños gestos (cambiar postura en el banco, mover la cabeza al hablar); el perro mueve la cola y da un par de pasos con la correa; la escena mantiene un ambiente tranquilo y cálido.

Cámara: plano general con un movimiento muy suave de dolly-in (acercamiento lento) y ligero hacia la derecha para dar sensación de profundidad, con parallax sutil entre primer plano (bancos/árboles) y fondo (gazebo/juego infantil). Sin cortes, sin saltos.

NEGATIVE PROMPT (para evitar errores comunes)

No cambiar el estilo a 3D o fotorrealista, no añadir texto ni logos, no deformar caras o manos, no duplicar personas, no 'melt'/warping, no flicker, no líneas temblorosas, no cambios bruscos de color, no artefactos, no objetos nuevos, no cambios de composición, no zoom agresivo.

Como verás, ahora generar un vídeo no es tan inmediato como una imagen, si estás en Gemini la generación puede tardar entre 1 y 2 minutos.

El vídeo generado lo puedes visualizar dentro de la carpeta de recursos digitales asignados a este libro en www.marcombo.info.

Este vídeo lo hemos generado directamente desde Gemini (Google) mediante su modelo Veo. Pero existen plataformas agregadoras como Krea (krea.ai) o Pollo (pollo.ai), que permiten probar otros modelos (incluido Veo) desde un único entorno, hay modelos que ofrecen resultados con estilos más realistas pero también son más caros, es por ello que buscar y ajustar la relación entre resultado y coste es necesario, a veces no es solo una cuestión de realismo, sino de estilo o personalidad del modelo. Si buscamos un enfoque más experimental o de prototipado, Google AI Studio ofrece un espacio claro para iterar rápidamente; y si necesitamos el máximo control y modularidad, ComfyUI (instalado mediante su propio instalador) nos permite construir *workflows* a medida, encadenando pasos de edición, estilizado y generación de vídeo dentro de un pipeline totalmente configurable.

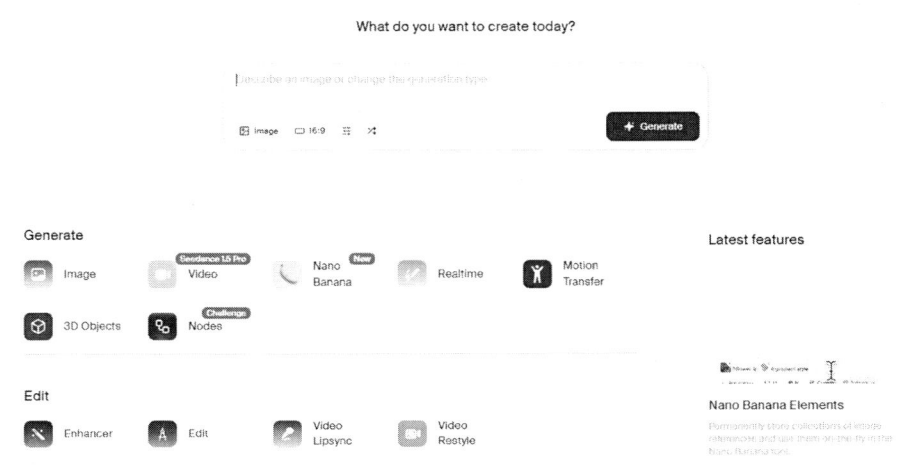

Figura 3.19 Krea.ai, suite donde se pueden utilizar una amplia variedad de modelos generativos

ComfyUI

Si las herramientas anteriores son soluciones "directas" y más cerradas, ComfyUI es un paso más hacia un uso experto: en lugar de pulsar un botón y obtener un resultado, aquí construyes la generación fase a fase mediante un diagrama de nodos. Eso se traduce en más control y más precisión: puedes ajustar cada etapa, repetir pruebas con cambios mínimos y, si lo necesitas, montar flujos mucho más complejos. Aun así, también puedes quedarte en lo esencial.

Además, puedes ejecutar ComfyUI en tu propio ordenador (si cuentas con una GPU decente) o en la nube para aprovechar un hardware más potente bajo demanda, por ejemplo con servicios como Vast.ai.

Flujo básico con ComfyUI

1. Cargar el modelo (checkpoint)

Seleccionas el "motor" que generará la imagen (el modelo), que puedes descargar de repositorios como Civitai. A partir de ahí se configuran también los componentes que interpretan el texto y lo convierten en una imagen.

2. Escribir el prompt (positivo y negativo)

Positivo: lo que quieres ver.

Negativo: lo que quieres evitar (por ejemplo: text, watermark).

3. Definir el lienzo (tamaño/latente)

Indicas el tamaño (p. ej., 512 × 512). En realidad, el proceso arranca como ruido dentro de un espacio latente: todavía no hay píxeles visibles.

4. Generar (Sampler/KSampler)

Aquí el modelo "refina" ese ruido hasta que emerge la imagen. Ajustas parámetros como:

seed: variación (para obtener versiones distintas).

steps: calidad vs. Tiempo.

CFG: cuánto "obedece" al prompt.

sampler: el método de muestreo.

5. Decodificar (VAE)

Convierte el resultado del espacio latente en píxeles, es decir, en una imagen visible.

6. Guardar

Se muestra el resultado final y se guarda en la carpeta de salida.

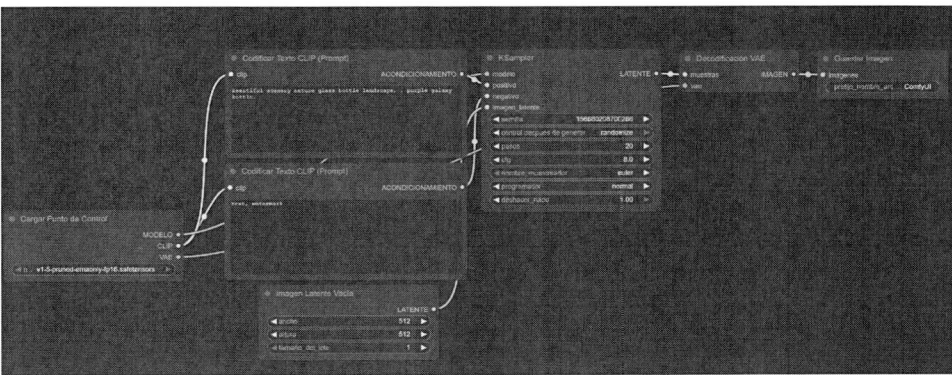

Figura 3.20 ComfyUI permite trabajar con modelos generativos con un alto nivel de personalización mediante un sistema de nodos

3.8. Súper estudiante

Recuerdo que, cuando era más joven, para entender un problema de Física necesitabas construirte una imagen mental del problema. Si no salía, tocaba buscar otra vía: leerlo en otras fuentes, pedirle a un amigo que te lo explicara, ir a clases de refuerzo... En el fondo, era recopilar más información y sumar nuevos puntos de vista hasta que la idea encajaba.

Hoy, los modelos actuales no solo "leen": también condensan, comparan y explican contenido, y nos ayudan a obtener una visión global incluso a partir de documentos largos. Pero cuando quieres ir un paso más allá, estudiar en serio, preparar una presentación o investigar un tema, una herramienta especialmente práctica es NotebookLM.

3.8.1. NotebookLM

NotebookLM se hizo especialmente famoso cuando Google mostró una función muy llamativa: la generación de "podcasts" a partir de tus documentos, con un resumen en formato conversación que puedes escuchar como si fuera un repaso narrado. Esa idea lo puso en el radar de muchísima gente.

A partir de ahí, NotebookLM se entiende fácil: es una aplicación de Google diseñada para trabajar sobre tus propias fuentes (PDF, apuntes, enlaces, vídeos, audios, documentos, etc.), ayudándote a extraer, organizar y explicar la información sin depender de búsquedas genéricas. Hoy funciona como un producto separado de Gemini, aunque forma parte del ecosistema de la IA de Google, y es razonable pensar que con el tiempo la integración sea mayor.

¿Para qué lo podemos usar?

1) Potenciar el estudio

Subes grabaciones de clase, capítulos de libros o artículos y le pides que:

- explique conceptos complejos de forma sencilla,
- proponga ejemplos reales,
- conecte ideas para mejorar la comprensión.

2) Ordenar y estructurar ideas

A partir de tus materiales, puede generar:

- esquemas claros,
- puntos clave,
- argumentos apoyados en evidencias dentro de las fuentes.

3) Generar nuevas perspectivas

Si subes notas de brainstorming o análisis (por ejemplo, de mercado), ayuda a:

- detectar patrones,
- proponer ideas nuevas,
- señalar oportunidades que no eran tan visibles.

Flujo recomendado (rápido y efectivo)

1. Crea un Notebook y nómbralo por tema (ej.: Bioquímica – Enzimas).
2. Añade fuentes (cuanto más claras y fiables, mejor): PDF, Google Docs/Slides/Sheets, texto pegado, URL, YouTube, audio e incluso imágenes (según el formato).
3. Pregunta en el chat con una regla de oro:
   "Responde solo con lo que esté en las fuentes y cita exactamente de qué documento lo has sacado".

Qué capacidades de estudio puedes exprimir.

Lectura y comprensión

- Resúmenes por niveles (ultracorto/para examen/explicación simple).
- Esquemas jerárquicos y mapas conceptuales.
- Glosarios con definiciones basadas en tus apuntes.

Aprendizaje activo (lo que hace que se te quede)

- Flashcards y quizzes a partir de tus documentos (ejemplo de prompt: Genera 25 flashcards (pregunta-respuesta) de dificultad media. Incluye la referencia a la fuente).
- Bancos de preguntas con dificultad ajustable y corrección explicada.
- Repaso en modo "podcast" (Audio Overviews): repaso en formato conversación entre dos voces IA, útil para estudiar mientras haces otras cosas.

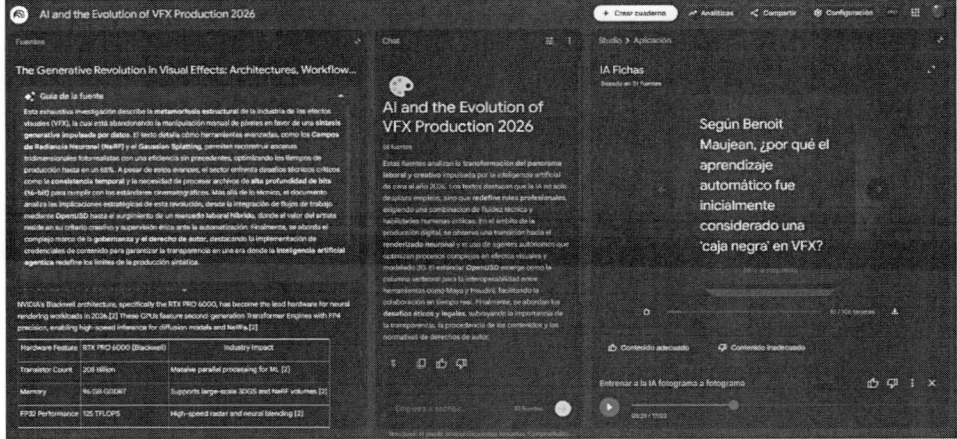

Figure 3.21 NotebookLM con las fuentes cargadas a la izquierda, la ventana de chat en medio y las fichas a la derecha con preguntas relacionadas con las fuentes.

Investigación guiada

Por otro lado Deep Research te ayuda a estructurar un informe y sugiere fuentes, que después puedes incorporar al notebook para seguir trabajando con ellas.

3.8.2. Alternativa similar en ChatGPT: Proyectos

Algo parecido también se puede hacer con ChatGPT usando Proyectos. La idea es la misma: crear un espacio de trabajo por tema para que la IA no parta de cero cada día, aunque difiere un poco en la filosofía, NotebookLM está más destinado a las fuentes con las que trabajas y Proyectos para ir construyendo información a lo largo de días/semanas (ideas, versiones).

Con Proyectos de ChatGPT puedes:

Mantener el contexto en el tiempo: el historial queda guardado y puedes retomarlo días después sin reconstruirlo todo.

Subir y reutilizar fuentes: cargar materiales (PDF, textos, imágenes) y trabajar sobre ellos de forma continuada.

Organizar por temas: un proyecto por asignatura, investigación, cliente o presentación, con recursos y conversaciones asociadas.

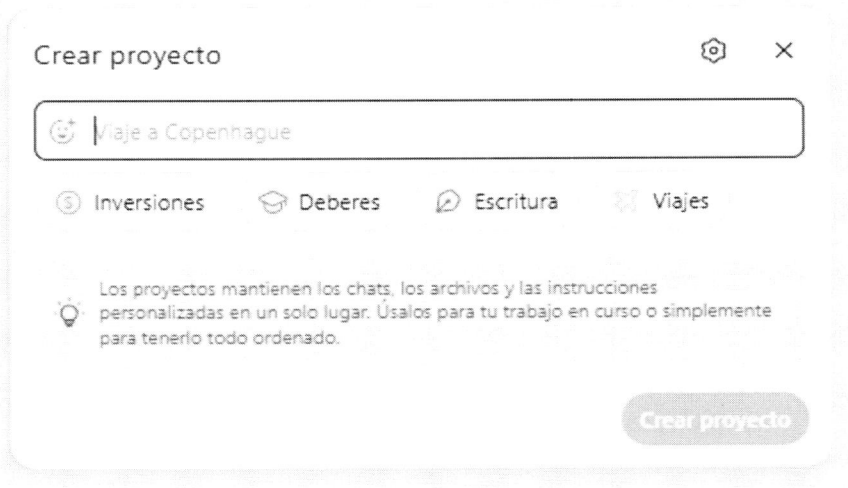

Figure 3.22 Sección de proyectos en ChatGPT

3.9. Súper programación/vibecoding

Programar antes era, para mucha gente, una barrera de entrada: aprender sintaxis, configurar herramientas, pelearse con errores... Hoy, con la IA generativa, puedes empezar a construir cosas útiles desde el primer día.

Podemos encontrar dos vías fundamentales para la asistencia de escritura de código.

1) Asistentes basados en LLM (ChatGPT, Gemini) y guiados por prompts:

- Funcionan como un copiloto: tú pides, y el modelo propone.
- Suelen integrarse en un IDE (entorno de desarrollo) y ayudan con:
  - generación de funciones
  - explicación de errores
  - sugerencias rápidas dentro del editor

Figure 3.23 Súper programador en acción

2) Asistentes impulsados por agentes de IA (sistemas autónomos o semiautónomos que planifican tareas, toman decisiones y ejecutan acciones encadenadas, por ejemplo, buscar información, escribir código, probarlo y corregirlo con mínima intervención del usuario), van un paso más allá, no solo sugieren código, actúan sobre el proyecto. Permite acciones como:

- modificar varios archivos a la vez
- implementar funcionalidades completas

- generar documentación coherente con el código real
- ejecutar test y validar resultados
- optimizar y reorganizar la estructura del proyecto

Veamos varias aproximaciones:

A) Pedir el código directamente en ChatGPT (asistente conversacional).

- Solicitas una versión del juego *Pong* en el chat.
- Copias y pegas el resultado en un entorno sencillo (p5.js, Replit, CodePen...).
- Lo pruebas, valoras cómo funciona y pides ajustes hasta conseguir la versión que quieres.

Ejemplo divulgativo (sin entrar en demasiado código)

La idea es generar un juego que luego puedas ejecutar en p5.js, una herramienta basada en JavaScript disponible en p5js.org.

Prompt inicial en ChatGPT

"Genera una versión del juego *Pong* para p5.js de dos jugadores y haz que las palas, cada vez que fallen los jugadores, se hagan más estrechas".

Pruébalo en p5.js

Copias el código generado, lo pegas en el editor de p5.js y pulsas "Play".

Y listo: el juego queda funcionando y ya puedes iterar pidiendo cambios (velocidad, físicas, marcador, sonidos, niveles, etc.).

Figura 3.24 Código copiado desde ChatGPT y ejecutado en el entorno P5.js

B) Asistente dentro del IDE (para proyectos reales)

Integras herramientas tipo Cursor o Cline u otros asistentes en tu editor.

Ventaja clave: trabajan con el contexto del proyecto (archivos, carpetas, dependencias), lo que permite:

- cambios más consistentes
- menos "parches sueltos"
- mejor integración con tu código existente

(Imagen del IDE Visual Code con Cline asistente para la generación de código que puede integrar una gran variedad de modelos como ChatGPT, Gemini, etc.).

C) Agentes con terminal (para "construir de verdad")

Aquí ya delegas tareas completas:

- "añade un menú"
- "crea un instalador"
- "pasa los tests"
- "documenta el repositorio"

El agente puede ejecutar comandos y comprobar que el proyecto funciona de forma automática.

Figura 3.25 Claude Code como una gran opción para la generación agéntica de código

3.10. Súper músico

Otro de los grandes "superpoderes" de la IA generativa es convertir una idea en una canción completa en minutos. Y ahí es donde encaja Suno (suno.com). En lugar de empezar por la teoría musical, los instrumentos o la producción, empiezas por el lenguaje (y, si quieres, por un clip de audio), y obtienes un resultado con estructura, instrumentación y, de forma opcional, voz y letra.

Figura 3.26 Súper músico en acción

Dicho esto, conviene subrayar algo: componer música a nivel humano es otra cosa. Cuando la música nace de una persona no es solo "sonido bien colocado": es expresión, memoria, intención, cultura y emoción. Hay decisiones invisibles que vienen de la experiencia, del oído entrenado y del cuerpo. Pero, precisamente por eso, la música con la IA abre una puerta distinta: la de rescatar ideas, reinterpretar recuerdos o dar forma a algo que no estaba registrado.

En mi caso fue así. Quise recuperar una canción de la infancia de la que no encontraba rastro: *Falgueres prop del riu*. Un amigo me la cantó y me la envió por WhatsApp; yo conseguí la letra por internet, y con Suno (modo Studio) hice el resto. Usé su referencia de voz, elegí un enfoque folk con base de guitarra clásica, y obtuve una primera versión que luego pude alargar y enriquecer con más capas de instrumentos. La experiencia fue muy divertida, y el resultado puede escucharse en mi perfil de Spotify Doneval, en el tema *Falgueres prop del riu*.

Qué puedes hacer con Suno (en la práctica)

Texto → canción: describes el estilo, la energía, los instrumentos y temática, y genera una pieza lista para escuchar.

Tus letras → canción cantada: pegas la letra y Suno la interpreta con melodía, voz y acompañamiento.

Iterar como productor: en vez de "hacer una", haces 10 versiones cambiando el mood, género, tempo, tipo de voz o estructura..., y te quedas con la que funciona.

Extender o rehacer secciones: si el final no convence o quieres más duración, puedes alargar la canción y probar alternativas.

Guiarte con un audio: subes un clip corto (tarareo, idea rítmica o referencia) para orientar la generación hacia tu intención.

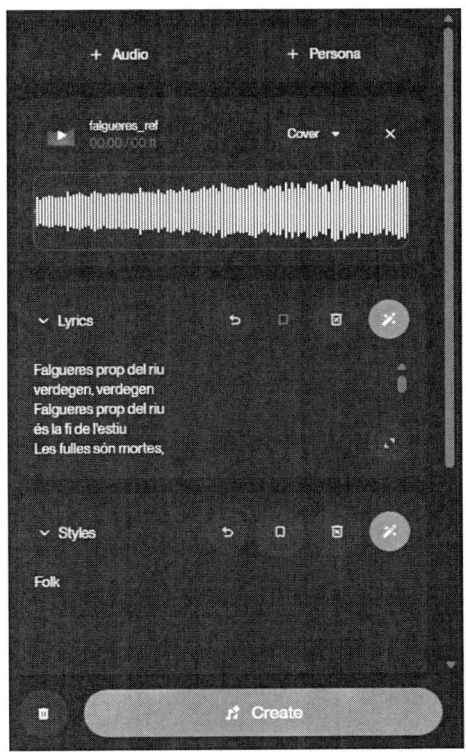

Figura 3.27 Interfaz de Suno donde incluye la voz (melodía) de referencia y la letra, ejemplo con el tema *Falgueres prop del riu*

3.11. Súper voz

En el terreno del habla nos queda otro gran capítulo: ElevenLabs (elevenlabs.io), una de las compañías más destacadas del momento en la IA de voz que está cambiando la forma en la que generamos, personalizamos e integramos voz en los productos digitales.

ElevenLabs permite convertir texto en una voz muy natural, con una entonación humana, emoción y un ritmo creíble. Pero no se queda ahí: también ofrece clonación y diseño de voces, creación de identidades vocales consistentes para marcas o personajes, y el desarrollo de agentes conversacionales con voz que pueden integrarse en los negocios y servicios.

3.11.1. Crear una voz

A) Crear una voz nueva desde texto (Voice Design) — sin grabaciones:

- Entra al dashboard de ElevenLabs y ve a "Voices" → "My Voices" → "Add a new voice" → "Voice Design".
- Describe la voz (edad aproximada, acento/registro, energía, "vibe", etc.). ElevenLabs pide una descripción relativamente larga (p. ej., 20-1000 caracteres, según docs).
- Escribe un "Text to preview" (un texto corto que sirva para escuchar cómo suena). Al generar, te dará varias previsualizaciones para elegir.
- Escoge la preview que te guste y guarda la voz en tu librería ("My Voices").

3.11.2. Generar audio (texto → voz)

Ve a "Text to Speech"/"Playground" (Text to Speech).

Selecciona tu voz (la que creaste con Voice Design o clonaste).

Pega tu texto y ajusta los "Voice settings":

- "Stability": más bajo = más variación/emoción; más alto = más estable/monótono.
- "Similarity": cuánto se "pega" al timbre/identidad de la voz.
- (Opcional) "Style/Exaggeration" según el modelo/interfaz para dramatizar o suavizar la interpretación.

Dale a "Generate" y descarga el audio (mp3/wav según las opciones).

En la práctica, esto abre la puerta a experiencias que hace poco sonaban a ciencia ficción: asistentes que atienden a clientes con una voz cercana, narraciones profesionales en segundos, doblaje multilingüe manteniendo una identidad vocal coherente, y sistemas de atención automatizada que, por fin, no suenan robóticos, sino claros, humanos y fiables.

Figura 3.28 Interfaz de ElevenLabs para transcribir texto a voz con gran naturalidad

3.12. Súper agente especial

Hasta ahora hemos hablado de IA en entornos "cerrados": tú preguntas y la IA responde. Útil, sí. Pero lo realmente potente empieza cuando la IA deja de ser solo un chat y se convierte en un agente, capaz de actuar dentro de tu mundo digital (ya lo vimos en el apartado de código con herramientas como Claude Code).

Figura 3.29 Súper agentes en acción

La diferencia clave con la IA de "pregunta-respuesta" es que un agente no solo reacciona: también puede ser propositivo. Interpreta lo que está pasando y, cuando tiene sentido, se comunica con otras aplicaciones para ejecutar acciones reales. Para conseguirlo necesitamos una capa de automatización, y aquí entra n8n.

n8n es una herramienta de automatización y orquestación de flujos, en la misma familia que Zapier, Make (Integromat) o Power Automate: conectas servicios, defines disparadores ("cuando llegue un WhatsApp...") y encadenas acciones ("consulta la base de datos, llama al LLM, responde, guarda el registro, avisa por email..."). En pocas palabras: es el pegamento que permite pasar de "una IA que responde" a "una IA que hace cosas".

Figura 3.30 n8n.io y sus más de 500 integraciones posibles

En la práctica, esto abre posibilidades como:

- Leer un mensaje y crear una tarea automáticamente.
- Detectar una solicitud y enviar un email.
- Actualizar un CRM.
- Guardar archivos en una carpeta concreta.
- Programar una cita en el calendario.
- Lanzar un flujo completo sin que tú tengas que ir app por app.

El puente entre la IA y tus herramientas

Para que un modelo (LLM) pase de "hablar" a "actuar" hace falta una capa intermedia que traduzca tu intención en acciones y conecte el lenguaje con tu ecosistema digital: apps, servicios, automatizaciones y bases de datos. Es, literalmente, el "conector" que permite que la IA no se quede en una respuesta, sino que dispare procesos reales.

Esta capa suele apoyarse en tres conceptos muy sencillos:

API endpoint: Es una URL a la que le envías una petición con datos (por ejemplo, "crea un ticket con este texto" o "devuélveme el estado de este pedido") y el servicio ejecuta la acción y responde. En resumen: tú llamas → el sistema hace algo.

Webhook: es un aviso automático que funciona al revés. En lugar de que tú preguntes si ha pasado algo, el sistema te notifica en el momento en que ocurre un evento (un pago, un mensaje, un alta, un cambio de estado) y tu flujo se dispara. En resumen: pasa algo → el sistema te avisa → tu automatización arranca.

Tools / MCP: un estándar para que el LLM "use herramientas". En vez de limitarse a contestar, puede llamar a algunas funciones (consultar datos, enviar correos, crear tickets...) y ejecutar acciones reales de forma controlada.

Para que un agente de IA y sus automatizaciones funcionen de forma fiable, lo habitual es apoyarse en un VPS (Virtual Private Server) tipo Contabo (contabo.com): básicamente, un "trozo" de servidor en la nube que tienes para ti, con recursos dedicados y control para instalar lo que necesites (n8n, conectores, base de datos, etc.) y dejarlo funcionando 24/7.

Encima de ese VPS, puedes usar EasyPanel como "instalador y panel de control" de 8n8.

Un caso de uso muy claro es montar un canal de atención al cliente por WhatsApp que responda al instante, mantenga la memoria del contexto (quién es el usuario y qué se ha tratado antes) y, cuando detecte un caso delicado o complejo, lo escale automáticamente a una humano por mail, sin que el equipo tenga que ir saltando de una herramienta a otra.

Utilidad concreta: "Atención al cliente 24/7 por WhatsApp, con memoria y escalado"

Imagina que alguien contacta por WhatsApp con tu servicio de soporte (dudas, incidencias, estado de pedido, facturas, etc.). Con el flujo WhatsApp → IA → BD → email, lo que consigues es:

Respuesta inmediata y consistente

El mensaje entra por WhatsApp y el LLM responde con el tono y las políticas que hayas definido (horarios, devoluciones, garantías, pasos de soporte).

Identificación y contexto automático

El sistema consulta la base de datos (ej. PostgreSQL): reconoce el número, recupera el historial (nombre, idioma, caso anterior, estado) y evita que el usuario repita lo mismo.

Resolución de dudas con el conocimiento interno

Si conectas una base de conocimiento (por ejemplo, FAQ internas, políticas, documentación, catálogo), la IA responde con información "oficial" y coherente, reduciendo las alucinaciones.

Creación de un ticket y trazabilidad

Si es una incidencia, el agente puede registrarla en la base de datos, asignarle prioridad y guardar el hilo completo (qué pidió el usuario, qué respondió el sistema, qué acciones se tomaron).

Escalado a humano cuando detecta cierto riesgo o complejidad

Si el usuario está enfadado, pide una cancelación urgente, hay un pago bloqueado, un caso legal/sensible o un número marcado con incidencias, el flujo no improvisa:

- abre una incidencia,
- envía un email al equipo (Gmail) con el resumen y contexto,
- y responde al usuario confirmando que un humano lo retomará.

En la figura siguiente vemos el flujo completo de un proceso de automatización muy sencillo, donde conectamos WhatsApp, ChatGPT (el "cerebro"), una base de datos en PostgreSQL y un servicio de correo como Gmail.

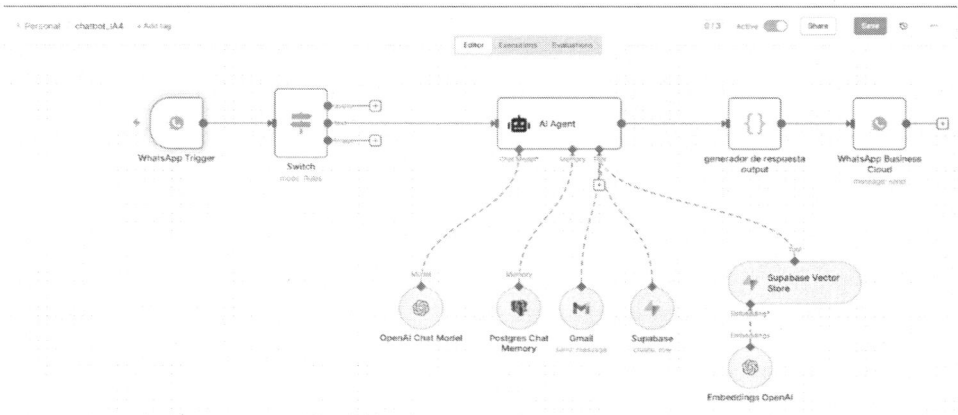

Figura 3.31 Conectando nodos de nuestro proyecto mediante n8n.io

El proceso empieza cuando recibimos una petición por WhatsApp en el número que tengamos asignado a WhatsApp Trigger, utilizando Evolution API como puente de conexión.

Como sabes, en WhatsApp podemos recibir texto, audio o imágenes. En este ejemplo, para simplificar, trabajamos únicamente con texto (el nodo solo enlaza texto con el AI Agent).

Y aquí es donde empieza lo interesante, el mensaje que entra vía WhatsApp se envía a un "AI Agent", que lo interpreta, decide qué hacer y responde siguiendo unas instrucciones que tú has definido (tono, límites, políticas, pasos de soporte, etc.).

Un "AI Agent" no es solo un chat. Es un conjunto de piezas trabajando juntas:

- **Modelo base (LLM):** el "cerebro" que entiende el mensaje y genera la respuesta (puede ser de OpenAI, Gemini, Anthropic, etc.).
- **Memoria (PostgreSQL):** una capa que guarda el contexto entre las conversaciones. Así, si el usuario vuelve días después, el sistema no empieza de cero: puede recordar idioma, nombre, historial de solicitudes o el estado de un caso.
- **Herramientas (tools):** acciones reales que el agente puede ejecutar: enviar un email, crear un ticket, consultar una base de datos, actualizar un CRM… Algunas vienen como integraciones directas (por ejemplo, Gmail) y otras se conectan mediante estándares como MCP, que facilita que el modelo acceda a servicios externos de forma estructurada.
- **Base de conocimiento (Supabase/PostgreSQL):** documentación interna, FAQ, políticas o procedimientos para que el agente responda con información "de la casa", más allá del prompt inicial.

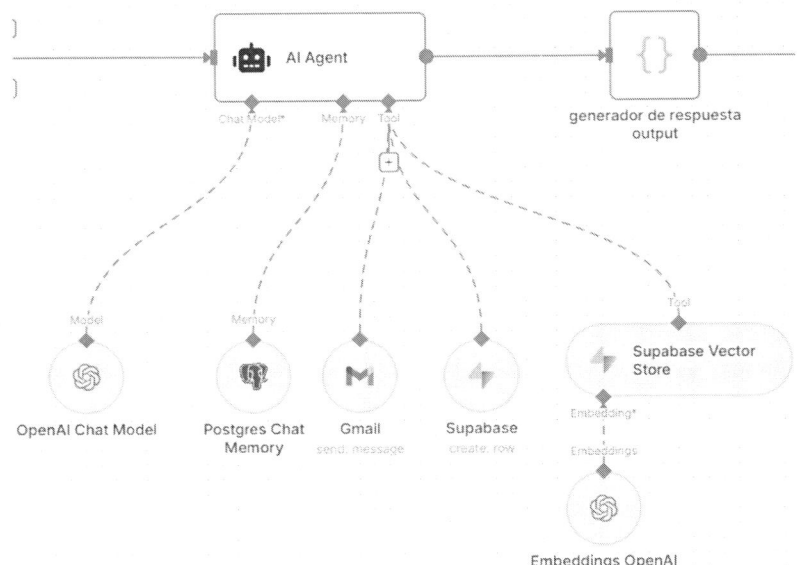

Figura 3.32 Componentes de un "AI Agent", la pieza clave de la automatización

Un modelo de IA (por ejemplo, ChatGPT) conectado a una base de datos PostgreSQL para guardar el historial de conversación y mantener el contexto; enlazado con Gmail para derivar o escalar casos cuando sea necesario; y conectado a Supabase para incorporar datos de cliente y consultar información interna sobre el servicio, de modo que el agente responda con contenido verificado y no se lo invente.

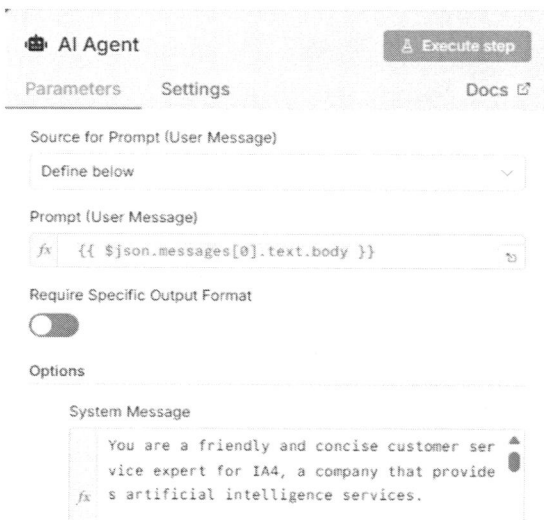

Figura 3.33 Parámetros del componente "AI Agent", donde puede especificarse el prompt que ejecutará el modelo del lenguaje (ChatGPT por ejemplo)

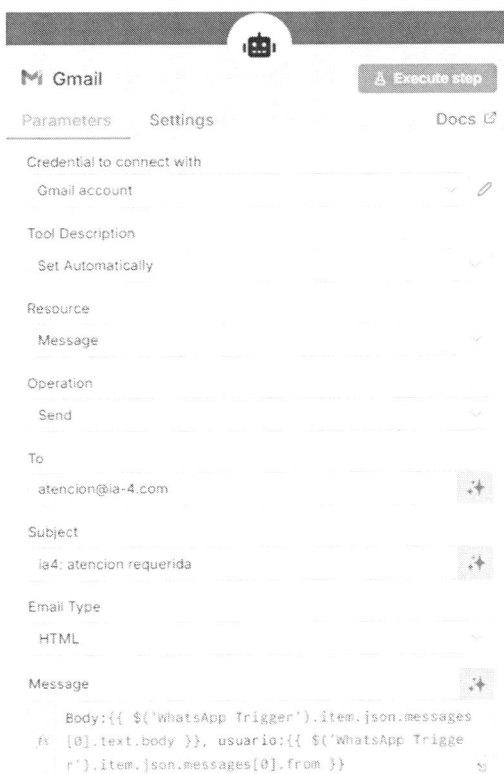

Figura 3.34 Parámetros del componente Gmail, donde se define el cuerpo de mensaje a enviar para escalar la solución

3.13. Cierre

El hilo común de todos estos "superpoderes" es muy sencillo: la IA funciona como un traje de aumento. No viene a reemplazar tu criterio, sino a amplificarlo: te ayuda a ir más rápido, pensar con más claridad y llegar más lejos. Y puedes ponerlo en práctica desde ya, con cuatro usos muy directos:

- Entender: pedir resúmenes, hacer preguntas, solicitar ejemplos, generar esquemas y autoevaluarte con tests.

- Crear: producir prototipos rápidos (texto, imagen, vídeo, música) y mejorar por iteración hasta dar con la mejor versión.
- Comunicar: transformar ideas en guiones, presentaciones y narraciones listas para compartir.
- Ejecutar: automatizar tareas repetitivas y guardar tu energía para lo que realmente necesita criterio humano.

No hace falta hacerlo todo de golpe. Empieza por una tarea concreta que te quite tiempo: estudiar un tema, preparar una presentación, responder a los clientes, generar contenido u organizar ideas.

EPÍLOGO

1.1. Hacia la IAG: Fronteras, promesas y desafíos

Una confusión frecuente al abordar la inteligencia artificial es asumir que todos los sistemas son iguales o que evolucionan linealmente hacia una mente humana. Para comprender la realidad tecnológica, es imprescindible distinguir entre dos categorías: la IA estrecha (ANI) y la IA general (AGI).

La IA estrecha, también conocida como IA débil, es la única que existe hoy (hasta donde llega mi conocimiento). Se trata de sistemas diseñados para ejecutar tareas específicas con una eficiencia sobrehumana, pero estrictamente acotados a su dominio. Desde el reconocimiento facial y la traducción automática hasta el diagnóstico médico, estas herramientas operan optimizando objetivos concretos sin comprender el contexto global. Carecen de conciencia y de la capacidad de transferir conocimiento: si el entorno cambia, el modelo falla o requiere un reentrenamiento.

Por el contrario, la IA general representa un concepto mucho más ambicioso: un sistema con la flexibilidad cognitiva de una persona, capaz de razonar, aprender y adaptarse autónomamente a problemas inéditos. Aunque es el "santo grial" de la investigación y un tropo habitual en la ciencia ficción, la AGI sigue siendo una meta teórica.

Es crucial entender que los modelos actuales, por muy avanzados que parezcan, siguen siendo IA estrecha. Incluso los grandes modelos de lenguaje, que simulan versatilidad, no "entienden" el mundo ni poseen intencionalidad.

Si la IA estrecha define nuestro presente, la búsqueda de la inteligencia artificial general (IAG) dibuja el mapa de nuestro futuro inmediato. No se trata simplemente de hacer procesadores más rápidos o modelos más grandes, sino de un cambio cualitativo en la arquitectura misma del pensamiento artificial. El camino hacia la IAG implica superar la mera estadística para adentrarse en el terreno del razonamiento, la causalidad y el sentido común.

¿Qué nos falta?

Para dar el salto de una herramienta especializada a una mente generalista, la investigación actual se enfrenta a muros que la fuerza bruta de computación no puede derribar por sí sola:

Del patrón a la causa: los modelos actuales saben que "si pasa A, suele pasar B" (correlación), pero no entienden por qué. La futura IAG deberá comprender la relación causa-efecto para intervenir en el mundo físico de manera fiable.

Aprendizaje continuo: hoy, una IA deja de aprender en el momento en que termina su entrenamiento. Una IAG deberá poseer plasticidad: la capacidad de aprender en tiempo real de nuevas experiencias sin olvidar lo anterior, tal como lo hace un cerebro biológico.

El gran desafío: El problema de la alineación

Sin embargo, el avance hacia la IAG plantea el mayor reto de seguridad de la historia tecnológica: el problema de la alineación. Crear una entidad más inteligente que nosotros conlleva el riesgo de que sus objetivos no coincidan exactamente con los nuestros. No se trata necesariamente de una IA "malvada" al estilo de Hollywood, sino de una IA demasiado competente persiguiendo un objetivo mal definido.

¿Cómo nos aseguramos de que una mente autónoma y superior comparta nuestros valores éticos, respete los derechos humanos y priorice el bienestar social?

Quizá sea suficiente y mucho más seguro perfeccionar sistemas especializados que solucionen grandes retos globales sin que renunciemos al control.

Esa es la incógnita que el futuro deberá despejar.

Hasta entonces, espero que este recorrido te haya aportado claridad y te haya motivado a seguir explorando todo lo nuevo que nos traerá la inteligencia artificial.